KB076382

이음.
classic

거스르지 않는다

제갈량의 《장원》 읽기

거스르지 않는다

제갈량의 《장원》 읽기

文憲齋
문헌재

거스르지 않고 나아간다

《장원(將苑)》은 중국 고전 가운데서도 특히 '장수의 길(將之道)'을 논한 몇 안 되는 전문적인 군사 저작 중 하나로 손꼽힙니다. 일반적으로 《장원》은 삼국시대 최고의 군사전략가라 일컬어지는 제갈량(諸葛亮)이 지은 것으로 알려져 있죠. 물론 일부 역사학자들은 남송(南宋) 이전의 문헌에 기록이 없다는 점을 들어 이 책이 제갈량의 명성을 차용해 후대에 집대성한 것이라 판단하기도 합니다. 그러나 《장원》은 제갈량이 쓴 글을 모두 모아놓은 명대(明代)의 《제갈량집(諸葛亮集)》에도 엄연히 실려 있었고, 제갈량 저작의 진위 여부를 둘러싼 논란에도 불구하고 본연의 가치를 인정받고 있습니다. 그뿐만 아니라 다수의 학자는 《장원》이 제갈량의 사상 및 문풍(文風)을 여실하게 반영한다는 점에 동의하기도 하고요.

《장원》이라는 제목은 '장수의 정원'으로 번역할 수 있습니다.

이 '정원(苑)'은 일반 민가의 정원이 아니라 황실이나 왕가의 정원입니다. 사실 정원이라기보다는 사냥터에 가깝죠. 원(苑)은 본래 나무가 무성한 수목원이나 울타리를 둘러 짐승을 기르는 동산을 가리키는 글자였는데, 이후 제왕들이 여흥하면서 즐기는 사냥터를 지칭하게 되었습니다. 고대 중국의 제왕들은 특별한 절기마다 가까운 귀족과 문무백관을 소집하고 뛰어난 정예병을 가려 뽑은 뒤, 바로 이 황실의 정원에서 열띤 경쟁을 벌이도록 했습니다. 이 과정을 통해 몇몇 가문은 세력을 과시했고, 몇몇 인재는 신분 상승의 기회를 잡았으며, 몇몇 황제는 자신의 실추된 권위를 바로 세웠죠. 정원이 군사력의 위세를 드러내는 중요한 장소로 활용되었던 셈입니다. 궁원(宮苑)에서의 모임은 나라 안의 정세를 한눈에 판가름할 수 있는 기회였습니다. 그뿐 아니라 혹시라도 발발할지 모를 전쟁에 대비하는 모의 군사훈련의 성격을 띠기도 했죠. 자연히 나라의 최고 정예들이 정원으로 모여들었습니다. '장수의 정원'에서 다른 쪽 날개에 해당하는 '장수'는 한 나라의 군대를 이끄는 최고 지휘관이자, 제왕의 정원에 집중된 국력을 좌우할 수 있는 슈퍼리더를 가리킵니다.

명대에는 《장원》을 《심서(心書)》라고 부르기도 했습니다. '마음에 관한 책'이라는 뜻이죠. 그런 까닭에 《장원》의 글 가운데는 장수의 마음가짐을 이야기하는 내용이 과반에 이릅니다. 황제가 가진 권력의 정점을 보여줄 뿐만 아니라 당대 최고 실권자들의 힘겨루기와 다양한 역학 관계가 공존했던 제왕의 정원에서 최고의 리더로 선택된 장수와 그의 마음가짐을 지시하는 책. '장원'이라는 서명에는 이처럼 풍성하고 다채로운 의미가 한껏 집약되어 있습니다.

인문연구모임 문이원은 이 책을 병법서라는 한정적인 관점에서 접근하지 않고 리더십과 마음가짐의 개념으로 확장해서 해독하고자 했습니다. 그 이유는 두 가지입니다. 한 가지는 이 책에서 다루는 내용이 군사 지식과 정보에 머물지 않고, 우리 삶의 일반적인 원리와 맞닿아 있다는 믿음 때문입니다. 다른 한 가지는 앞서 서술한 대로 《장원》이 장수 또는 한 나라의 군대를 이끄는 사람의 자질 그 자체를 언급하는 데 상당 부분을 할애하고 있어서입니다. 이것이 다른 글과 묶여 《제갈량 문집》이나 《제갈공명 병법서》 등으로 출판되는 정도에 그쳤던 《장원》을 단독으로 분리해 풀어보고자 한 이유입니다. 따라서 문이원의 《장원》은 전투에 필요한 전략이나 전술만을 이야기하는 책이 아니라, 우리 삶에 필요한 원칙과 이를 실현하기 위한 방식을 모색하는 과정을 그린 글입니다. 저본으로는 중국 고전 분야에서 가장 높은 권위를 인정받고 있는 중화서국판 《제갈량집》을 참조했습니다. 구체적으로는 1960년의 고전적 판본과 2014년의 비교적 최신 판본을 비교했고, 원문에 큰 차이가 없음을 확인했습니다.

《장원》은 전체적으로 보았을 때 몇 개 키워드로 구분할 수 있습니다. 그렇게 구분된 글은 또 여러 개의 층위를 이루며 상호 보완하는 유기적이고 입체적인 구조를 취합니다. 전반부가 장수가 장악해야 할 원리와 준수해야 할 원칙에 초점을 맞추었다면, 후반부에서는 좀 더 구체적인 전술과 용병의 세칙을 다룹니다. 큰 범주에서 작은 범주에 이르기까지, 《장원》이 주장하는 중요한 원칙은 끊임없이 반복되고 심화되며 확대 재생산됩니다. 이 책의 내용을 글자 그대로만 받아들인다면 다소 뻑뻑하고 지루하며 진부한 원론으로 보일지 모릅니다. 그러나 우리는 《장원》을 '장수의 길', 곧 리더의 마음가짐에 대한 일종의 안내도로 읽었습니다. 본문을 풀어 읽고 다시 쓰는 작업을 통해 여기 실린 각각의 글을 '지금' '여기'를 살고 있는 우리의 삶을 더 나은 방향으로 이끄는 지침으로 삼아보고자 노력했습니다.

《장원》을 면밀히 풀어 읽는 과정에서 발견한 한 가지 흥미로운 사실은 이 책이 네거티브 서술 방식을 채택하고 있다는 점입니다. 장수라면 무엇을 하지 말아야 하고 어떤 점을 지양해야 하는지를 다각적인 관점에서 반복 서술함으로써, 결국에는 마땅히 해야 할 바를 스스로 찾아나갈 수 있도록 유도하는 방식입니다. 이는 장수의 셀프리더십과 연관됩니다. 다른 한편으로 슈퍼리더로서의 장수는 전장에서 절대 권력자로 군림할 가능성이 있습니다. 그렇기에 금기와 통제의 방식을 통해 스스로를 제어할 수 있는 역량을 키우는 데 집중하고 있다고도 볼 수 있습니다.

문이원은 이 책을 풀어 쓰면서 각 장이 전체에서 차지하는 위치와 다른 장과의 연계성을 기술하고 해당 장의 내용을 이해하기 쉽도록 여러 고사와 글자 풀이를 덧붙였습니다. 아울러 우리가 현실에서 마주하는 여러 상황에 적합한 마음가짐과 연결 짓고 현재적인 의미를 부여하고자 했습니다. 사람은 누구나 '보다 더 나은 삶'을 기대하며 '보다 지혜로운 삶의 태도'는 이를 가능하게 합니다. 인생의 목적이 결국에는 더 나은 삶, 더 지혜로운 생활방식을 추구하는 것이라면, 이런 목표를 지향하는 우리 모두에게 이 책을 탐구할 자격은 충분할지 모릅니다.

이 책을 여러 가지 관점과 방식을 통해 이해하고 분석하며 실제로 적용해보는 과정은 쏠쏠한 재미와 함께 유익한 경험을 가져다주었습니다. 늘 새삼스레 깨닫지만 《장원》을 통해서도 머리로 아는 것을 몸으로 행하기는 참 어렵다는 사실을 뼈아프게 체감했습니다. 어려운 한 고비를 가까스로 넘을 때마다 문이원 구성원들 간의 믿음을 돈독하게 하고 나름의 보람을 느낄 수 있었으니 참으로 다행입니다.

책을 출간할 때마다 따뜻하고 진심 어린 격려와 조언을 해주시는 여러 선생님들과 마음의 수고를 함께하는 가족들에게 진심으로 감사드립니다. 고금의 지혜를 테마별로 분류하여 집대성한 방대한 저작 《지낭(智囊)》에는 "대단한 사람은 아니지만 그만한 사람도 없었다"라는 제갈량에 대한 평가가 보입니다. 감히 바란다면 문이원의 《장원》이 대단한 글은 아니지만 또 그만한 글도 없다고 평가받을 수 있는 날이 오기를 조심스럽게 희망해봅니다. 우리가 《장원》을 통해 보다 지혜로운 삶을 위한 길에서 어렵사리 한 걸음을 내딛었듯이, 이 책이 부디 또 다른 누군가에게 더 지혜로운 삶을 위한 길잡이가 될 수 있기를 바라는 마음뿐입니다.

문이원 함께 씀

차례

제2장 먼 곳을 내다보며 위기에 대비하라

제3장 형세를 파악하고 인재를 모아라

제4장 최선의 계책으로 적을 상대하라

제5장 천하를 누비며 뜻을 펼쳐라

본성을

살펴

스스로

경계하라

———————

제

1

장

권한과 위세를 논하다: 병권(兵權)

장수란 무엇일까요. 장수는 한 나라의 군대를 이끄는 사람입니다. 작게는 군대 전체의 생명을 주관하고, 크게는 나라 전체의 운명을 좌우하지요. 병권(兵權)이란, 그가 가진 권한(權)과 그가 떨칠 위세(勢)를 아우르는 말입니다. 리더십 이론에서 이 개념은 권력(power) 및 영향력(influence)의 문제와 연결됩니다. 권력과 영향력은 리더십의 핵심이자 본질이죠. 즉, 《장원》의 첫 번째 장인 〈병권〉은 장수가 지닌 리더십의 본질을 이야기하고 있는 셈입니다.

병권이란 군대 전체의 생사를 좌우하는 권한이자 최고지휘관의 권위이다. 장수가 병권을 장악하고 군대를 제어할 수 있는 능력을 겸비해 부하들을 통솔할 수 있다면, 마치 맹호(猛虎)가 날개를 달고 비상해 온 천하를 누비며 어떤 상황에서도 마음먹은 대로 뜻을 펼치는 것과 같다. 그러나 장수가 권한을 잃고 권위를 확립하지 못한다면, 마치 아직 용이 되지 못한 이무기가 강과 호수를 벗어나 감히 큰 바다에서 헤엄치며 거센 파도 위를 노닐고자 하는 것과 같다. 그런 일이 어찌 가능하겠는가.

장수가 주어진 권한과 위세를 제대로 운용할 수 있다면, 다시 말해 '군대의 병권(兵之權)'을 장악하고 '군대의 기세(兵之勢)'를 제어할 수 있다면 어떻게 될까요. 그가 이끄는 군대는 마치 사나운 호랑이가 날개를 단 것과 같이 하늘 높이 솟구쳐 날아오르며, 세상 어디든 거침없는 기세로 내달릴 수 있을 겁니다. 전진을 하든 퇴각을 하든, 조건에 구애받지 않고 마음먹은 대로 자신의 전략과 전술을 행할 겁니다.

그러나 어떠한 이유에서든 장수가 권한을 확립하지 못하거나 위세를 떨칠 수 없는 상황이라면 어떨까요. 안타깝게도 장수 개인뿐 아니라 그의 군대, 나아가 군대가 보호해야 할 나라 전체에 해악을 끼치고 맙니다. 권한과 위세를 장악하지 못한 장수는 여의주를 얻지 못해 용이 될 수 없는 이무기나 다름없죠. 이무기는 여의주를 얻으면 용이 되어 승천합니다. 승천한 용은 번개와 구름을 마음대로 움직여 비를 내리거나 그치게 하는 능력까지 소유합니다. 강과 호수를 내키는 대로 오갈 뿐 아니라, 큰 바다에 몰아치는 거친 파도라 할지라도 그가 가는 길을 막을 수 없습니다. 사람들은 모두 비를 바라면서 기우제를 올리고 물이 그치기를 바라면서

기청제를 올릴 겁니다. 하늘로 날아오른 용의 신성한 능력이 사람들을 널리 이롭게 하기 때문이죠.

그러나 이무기는 보통 사람에게 해를 끼치는 요물로 간주되며, 오히려 지탄과 제거의 대상이 됩니다. 100도에 이르지 않으면 물이 끓지 않는 것처럼, 999년을 묵었다 해도 여의주가 없는 이무기는 한낱 이무기에 불과합니다. 물고기가 용이 되려면 황하를 거슬러 등용문(登龍門)을 넘어야 합니다. 그럴 수 없다면 용이 되려다 만 이무기인 채로 심심하고 차가운 민물 속에서 요행히 여의주를 얻을 날만 무작정 기다릴 수밖에 다른 도리가 없죠.

아직 용이 되지 못한 이무기가 분수를 모르고 큰 바다로 나간다면 어떻게 될까요. 거친 파도를 당해내기는커녕 소금물에 온몸이 말라붙어 죽고 말 것입니다. 권한과 위세가 없는 장수는 여의주를 얻지 못한 채 홀로 죽어가는 이무기보다 더 끔찍한 처지에 놓입니다. 여의주를 얻지 못한 이무기는 사람 눈에 띄지 않고 홀로 죽어갈 뿐입니다. 그러나 권한과 위세가 없는 장수는 한 나라를 멸망으로 몰아넣습니다.

장수와 같이 한 집단이나 조직의 운명을 쥐고 있는 리더의 권한과 위세는 대단히 무겁습니다. 리더의 권력과 영향력이 제대로 발휘되는 일은 그래서 매우 중요하죠. 리더십 이론의 권위자 존 맥스웰은 "모든 일의 성패는 리더십에 달려 있다"라고 했습니다. 대부분의 사람들은 이 말을 듣고 약간의 의구심을 품습니다. 리더십이 성패를 좌우할 수는 있지만, 모든 성패를 결정짓는 건 아니라고 여기기 때문입니다. 일의 성패에는 재능과 노력, 자본과 시간, 운과 타이밍 등 다양한 요인이 작용한다는 생각이 좀 더 보편적입니다.

그러나 아무리 최고의 인재를 다수 확보한 조직이라 해도 그들의 능력을 활용해 최상의 성과를 내려면 반드시 리더십이 필요합니다. 자원을 활용하는 최종적 권력 및 영향력 행사가 바로 리더의 손에 달려 있기 때문입니다. 리더십은 어떤 비전을 가치 있게 만들기도 하지만, 도리어 전혀 의미 없는 것으로 되돌려버리기도 합니다. 이상적인 리더가 발휘하는 최상의 리더십은 99도의 물이 100도가 되기 위해 필요한 단 1도의 에너지, 이무기가 용이 되기 위해 필요한 단 하나의 여의주와 같습니다.

해악을 몰아내다: 축악(逐惡)

〈병권〉이 장수의 리더십에서 필수 불가결한 권한과 위세를 논했다면, 〈축악〉은 장수가 경계해야 할 해악에 관해 논합니다. 나라는 일종의 울타리로서 그 안에 소속된 구성원의 생명과 재산을 보호해야 할 책임을 지닙니다. 군대는 이런 소임을 물리적으로 구체화해서 실행하는 집단입니다. 따라서 장수는 이를 위해 군대를 합리적으로 조직하고 효율적으로 운용해야 합니다. 원문에서는 이 같은 합리적이고 효율적인 운용을 방해하는 폐단으로 다섯 가지를 꼽고 있습니다.

국가와 군대의 폐단으로 다섯 가지 해악을 꼽을 수 있다. 첫째, 당
파를 조성하고 결탁해 유능하거나 어진 자들을 비방하고 해친다.
둘째, 의복에 사치를 부리고 규정에 벗어나게 차려입는다. 셋째, 허
풍을 떨거나 요망한 술수를 부리고 미신으로 사람을 현혹한다. 넷
째, 모든 일에 시비를 운운하며 사사로이 무리를 선동한다. 다섯째,
이해득실을 따져 은밀히 적과 내통한다. 이런 자들은 모두 간교하
고 패덕(悖德)하니 멀리해야 하며, 가까이 두어서는 안 된다.

구체적으로 알아보죠. 첫 번째는 끼리끼리 모여 현명하고 어
진 사람을 헐뜯는 행위입니다. 사촌이 땅을 사면 배가 아프다고
했습니다. 아무리 가까운 사이라도 남이 나보다 나아지면 못 견
뎌 하는 심리를 대변하는 말입니다. 사람은 누구나 '나' 중심으로
사고합니다. 내가 남보다 낫다는 자의식은 무자비한 세계에 내던
져진 인간이 생존하는 데 필요한 마지막 보루이기도 합니다. 남이
나보다 뛰어난 것을 견디지 못하는 사람들은 끼리끼리 모여 삶의
무게를 견뎌내죠. 자존심의 뒷면과도 같은 열등감의 발로입니다.
그러나 조직 전체의 관점에서 보면 이는 더 많은 것을 감수하면서
더 큰 임무를 행하는 사람들의 성과를 폄하하고 그들의 의욕을 꺾
어놓는 일이 아닐 수 없습니다. 이런 상황이 계속된다면, 결과적
으로는 아무도 앞으로 나서서 일을 하려고 들지 않겠죠.

둘째, 정해진 질서를 어기면서 겉으로 드러나는 사치를 누리는 행위입니다. 고대사회에서는 대부분 신분과 계급에 따라 복장을 규정했습니다. 제복은 집단 내부의 동일성을 강조하는 한편, 차이를 통해 위계질서를 확립합니다. 이른바 동화와 구별의 기능이죠. 이런 식으로 그 집단과 조직의 질서를 가시적으로 보여줍니다. 만약 똑같은 제복을 입으면서 다른 재질의 천을 사용한다면 집단의 동일성을 해칩니다. 또한 정해진 규칙을 벗어나는 제복 착용은 노골적인 사회 질서 위반을 의미합니다. 군대처럼 동일성과 질서가 생명인 집단에서라면 조직의 와해를 상징하는 심각한 문제겠죠. 물론 의복이 사회적 표지로 작용하기보다 개인 취향을 반영하는 현대사회에서는 이러한 폐단이 달리 해석될 여지가 있습니다. 중요한 점은 사회가 준수하는 가치와 원칙을 드러내놓고 위반하는 행위를 간과해서는 안 된다는 겁니다.

셋째, 사실이 아닌 거짓을 부풀려 말하거나 미신을 따르며 근거 없는 낭설을 떠벌리는 행위입니다. 현대사회에서는 언론의 무책임한 발언이 여기에 해당할 수 있겠죠. 그런데 유언비어가 사회 전반에 만연하는 결정적 이유는 뭘까요. 어쩌면 그 집단의 체계와 중요한 정책 결정 과정이 투명하지 않아서일 겁니다. 병인을 제거하지 않는 한 질병은 재발하기 마련입니다.

넷째, 일마다 시비를 따지면서 사사로운 이익을 도모해 무리를 동원하는 행위입니다. 옳고 그름을 판단할 줄 아는 안목을 기르는 것은 개인으로서도, 또 공동체의 일원으로서도 중요합니다.

그러나 현재 상황만으로는 시비를 판단하기 어렵고 시간이 흐른 뒤에야 결과를 확인할 수 있는 일도 적지 않습니다. 규모가 큰 조직을 이끄는 리더는 대부분 거시적 관점에서 먼 장래를 내다보며 결정을 내려야 합니다. 이런 결정이 단기간에는 오히려 불편을 줄 수도 있습니다. 그런데 그럴 때마다 시비를 가리면서 책임 소재를 추궁한다면, 결국 그 공동체가 할 수 있는 일은 거의 없을 겁니다. 더욱이 이러한 추궁 행위가 자기 자신의 이익을 위한 것이라면 더더욱 용서받기 어렵습니다. 사회 전체의 이익을 대변하는 양 행동하며 남몰래 사리사욕을 채우는 일이 공분을 사는 이유가 여기에 있습니다.

다섯째, 이익을 앞세워 자신이 속한 공동체를 배반하는 행위입니다. 자신이 속한 집단을 벗어나기 어려웠던 고대사회에서는 이런 행위가 개인의 인격과 직결되었습니다. 그러나 현대사회에서 이 문제는 그리 단순하지만은 않습니다. 현대인은 누구나 여러 집단에 소속되어 살아가며, 과거와 달리 자신이 소속될 집단을 선택할 권리를 인정받습니다. 준거집단과 소속집단이 일치할 때, 개인의 만족감이 높은 것은 당연합니다. 따라서 소속집단을 버리고 준거집단으로 옮겨 가는 행위 자체를 비난할 수는 없습니다. 그러나 자신의 이익만 따지며 소속집단을 배반하는 사람이 만족할 수 있는 공동체란 사실 어디에도 존재하지 않을 겁니다.

어떤 공동체나 집단에서 발생할 수 있는 최악의 상황은 조직의 와해입니다. 앞서 말한 다섯 가지는 조직을 와해시키는 행위죠.

고대사회든 현대사회든 이러한 폐단을 없애지 못하는 조직은 사라질 수밖에 없습니다.

사람의 본성을 살피는 방법: 지인성(知人性)

〈지인성〉은 《장원》의 세 번째 글입니다. 글의 순서로 보았을 때 중요성을 간과할 수 없죠. 여기서 주목할 점은 〈지인성〉이 '사람' 자체에 대한 이야기라는 사실입니다. 이 글의 제목을 풀어보면 '사람의 본성(人性)을 안다(知)'는 뜻이 됩니다. 본성을 나타내는 성(性)은 심(忄)과 생(生)이 합쳐진 글자로 곧 '마음' '바탕' '성품'을 의미합니다. 즉 '장수의 본성을 살피는 방법'이 아니라 '사람의 본성을 살피는 방법'을 논하고 있는 것이죠. 《장원》의 세 번째 장에서 사람의 본성을 살피는 방법을 제시했다는 사실은 무엇을 의미할까요. 바로 사람을 알아보고 판단하는 것이 장수에게 요구되는 가장 중요한 자질 중 하나임을 피력합니다.

병사 없이 홀로 싸움터에 나갈 장수는 없으며, 장수 홀로 선전하며 승승장구하는 군대도 있을 수 없습니다. 장수가 군대를 제대로 아우르기 위해서는 끊임없는 상호작용을 통해 병사들과 긴밀한 관계를 유지하지 않으면 안 됩니다. 병사들의 역량을 정확히 파악하고 있어야 적재적소에 배치하고, 병사들과 소통해야 부대의 상황을 바로 이해할 수 있습니다. 군대도 사람으로 구성된 조직입니다. 사람이 움직이고 사람으로 움직입니다. 장수가 반드시 사람의 본성을 파악해야만 하는 이유가 바로 여기에 있습니다.

하지만 사람의 본성을 안다는 것은 그 어떤 일보다도 어렵죠. 예로부터 사람의 본성은 '선'과 '악'을 기준으로 구분되었습니다. 그런데 문제는 '선'과 '악'이 늘 한결같은 모습으로 나타나지 않는 다는 점입니다. 올바른 것과 그릇된 것은 분명 지극히 대비되는데 도 그렇습니다. 선과 악, 그리고 인간의 본성은 사람마다 얼굴이 다른 것처럼 무수한 모양으로 나타납니다. 겉보기에는 더할 나위 없이 따뜻하고 다정한데 사실은 차갑고 비정한 사람도 있고, 겉으로는 윗사람의 말에 순종하며 공손히 따르는 척하지만 속으로는 업신여기고 무시하는 사람도 있습니다. 겉으로는 용감해 보이지만 실은 비겁한 사람도 있고, 전심전력을 다해 최선을 다하는 것처럼 보이지만 속으로는 다른 생각을 품고 한눈을 파는 사람도 분명히 있습니다.

선과 악을 분별해내는 것도, 사람의 본성을 파악하는 것도 쉬운 일이 아닙니다. 그렇다고 사람의 됨됨이를 가려낼 수 있는 방법이 아예 없는 것도 아니죠. 《장원》에서는 사람의 본성을 살필 수 있는 비결로 일곱 가지를 제시합니다.

사람의 본성을 분별하는 일처럼 어려운 것은 없다. 선과 악은 본질적으로 다르지만 사람의 겉과 속이 항상 동일하게 드러나지는 않기 때문이다. 겉으로는 온화하고 선량해 보이지만 속으로는 거짓을 일

삼는 사람도 있고, 겉으로는 공손히 따르는 척하지만 속으로는 기만하며 업신여기는 사람도 있다. 겉으로는 용감한 척하지만 속으로는 비겁한 사람도 있고, 온 힘을 다해 헌신하는 것처럼 보이지만 사실은 불충(不忠)한 사람도 있다.

사람의 본성을 살필 수 있는 방법으로는 다음 일곱 가지가 있다. 첫째, 시비를 물어 그의 뜻을 관찰한다. 둘째, 빈틈없는 언변으로 궁지에 몰아 그의 대처 능력을 관찰한다. 셋째, 계책을 물어 그의 지식을 관찰한다. 넷째, 재난이 닥쳤음을 알려 그의 용기를 관찰한다. 다섯째, 술에 취하게 해 그의 본성을 관찰한다. 여섯째, 재물로 유혹해 그의 청렴함을 관찰한다. 일곱째, 일에 기한을 두어 그의 신용을 관찰한다.

사람의 본성을 알기 위해 첫째, 시비를 물어 그의 뜻을 관찰할 수 있습니다. '뜻'을 나타내는 지(志)는 심(心)과 사(士)가 합쳐진 글자로 '마음' 마음이 향하는 바'를 나타냅니다. 즉, 사람이 지향하는 신념이나 가치관, 품은 포부에 그의 성품이 담겨 있다는 뜻입니다. 누군가 선한 목표를 향해 나아가는지 혹은 악한 뜻을 품고 있는지 면밀히 관찰한다면 그의 본성을 가늠할 수 있습니다.

둘째, 언변으로 궁지에 몰아 그가 어떻게 변하는지 살핍니다. '변하다'의 변(變)은 복(攵)과 연(䜌)이 합쳐진 글자죠. '복'은 얇은 회초리를 휘두를 때 막대가 휘는 모습에서 '사람의 마음이 달라지다' '변하다'라는 의미가 파생되어 나왔습니다. 나아가 '변통하다' '움직이다' 등 갑작스러운 사고와 변화에 대응하는 포괄적 의미까지도 생겨났습니다. 따라서 사람이 어떻게 변하는지 살핀다는 것은, 그가 궁지에 몰렸을 때 태도와 안색이 어떻게 변하는지 관찰하는 데만 국한되지 않습니다. 위기 상황에서의 대처 능력을 살피는 것까지 포함하죠. 대처 능력이란 순발력을 요하는 임기응변 기술, 집중력과 지략 등 갖가지 능력을 두루 끌어안는 광범위한 개념입니다. 따라서 사람을 살피고자 한다면 그가 위기에 맞닥뜨렸을 때 어떤 변색을 하는지, 그리고 어떻게 그 상황에 대처하는지 관찰하는 것과 함께 장기적인 안목과 지략까지 꼼꼼히 따져야 합니다.

셋째, 계책을 물어 그의 지식을 관찰합니다. 그가 얼마나 알고 있는지 파악하라는 말입니다. 안다(識)는 것은 전문적이거나 학문적인 지식의 테두리를 넘어선 개념입니다. 견문의 정도나 인간관계의 범위를 아우르며, 더 나아가 시비를 분별하는 능력까지 총괄하죠. 그가 어떤 기관에 소속되어 얼마나 오랫동안 공부했고 어떤 타이틀을 취득했으며 어떤 학문적 성과를 이룩했는지가 관건이 아닙니다. 얼마나 깊고 넓게 세상을 이해하고 있으며, 어떻게 사람과 관계를 맺고 유지하는지, 어떤 방식으로 옳고 그름을 분별하며, 어떤 기준에 따라 행동하는지가 더욱 중요하죠.

넷째, 재난이 닥쳤음을 알려 그의 용기를 관찰합니다. 용기(勇)란 용감하고 강한 힘 외에도 '날래다' '결단력이 있다'라는 의미를 지닙니다. 적 앞에서 용감하게 맞설 수 있는 체력이 있는지, 위급한 순간에 얼마나 날렵하게 움직여 어려움에서 빠져나올 수 있는

지를 모두 관찰하라는 뜻입니다. 용기란 힘뿐만 아니라 과감히 실행으로 옮기는 결단력, 기민한 민첩성까지 모두 포함하는 다층적 개념입니다.

다섯째, 술에 취하게 해 그의 본성을 관찰합니다. 취(醉)는 술(酒)이 다 없어질 때까지(卒) 마셔서 정신이 흐려지고 몸을 제대로 가눌 수 없는 상태에 이름을 가리킵니다. 어떤 것을 지나치게 좋아하거나 탐닉할 때도 '취한다'라고 하죠. 취하는 지경에까지 이르렀다는 것은 그가 정도를 넘어서고 절제하지 못했다는 말입니다. 일단 어떤 대상에 취한 뒤에는 이성이 흐려지고, 이성이 흐려질수록 상대적으로 본성은 더욱 드러나기 마련입니다. 그러므로 이를 이용해 그의 속마음과 사람됨을 제대로 파악할 수 있습니다.

여섯째, 재물로 유혹해 그의 청렴함을 관찰합니다. 재물로 유혹한다는 것은 허황된 말로 꾄다는 뜻은 아닙니다. 물질적이고도 현실적인 부분으로 대놓고(臨) 유혹한다는 뜻이죠. 견물생심(見物生心)은 인지상정(人之常情)입니다. 그 인지상정을 극복할 수 있어야 비로소 청렴한 사람이라고 할 수 있습니다.

일곱째, 일의 기한을 두어 그의 신용을 관찰합니다. 신(信)이란 사람의 말에 거짓이 없음을 의미합니다. 신의가 있는 사람은 일을 맡기고 처리함에 있어 약속한 대로 이행합니다. 물론 일을 끝까지 완수해내는지도 중요하죠. 하지만 정해진 기간에 해내는지 여부도 사람의 됨됨이를 파악할 수 있는 주요 방법 중 하나입니다. 약속한 내용과 약속한 기한이 모두 신용에 포함됩니다. 정해놓은 시간이 타인의 의지이든 자기 스스로 결정한 것이든, 기일을 정했다면 반드시 지켜야 한다는 뜻입니다.

위에서 제시한 일곱 가지는 사람의 본성을 판단하는 기준입니다. 사람이 없는 조직은 세상에 존재할 수 없죠. 그래서 사람의 본성을 파악하는 것이 중요합니다. 조직의 존립 근간은 사람을 이해하는 데 있다고 해도 과언이 아닙니다. 그 이해를 바탕으로 구성원의 재량과 소양에 따라 적절하게 배치해 능력을 발휘하게 하고, 조직 구성원 간의 상호 협력과 조화를 이끌어낼 수 있다면 훌륭한 리더라고 할 수 있겠죠. 다시 말하지만 사람을 파악하는 능력이 리더의 기본입니다.

장수의 유형을 나누다: 장재(將材)

〈장재〉는 장수의 유형을 상세히 논함으로써 진정한 장수의 면모란 무엇인지 설명합니다. 재(材)란 원래 목재를 가리키는 말인데 거기서 재료, 소질, 재능이란 뜻으로 발전되었습니다. 즉 '장재'란 장수의 소양과 재능, 재목을 의미합니다. 〈장재〉에서는 소양과 재능에 따라 장수를 크게 아홉 가지 유형으로 나눕니다.

장수의 유형에는 아홉 가지가 있다. 첫째, 덕으로 인도하고 예로 다스리며, 병사들의 추위와 배고픔을 알아주고 고단함과 괴로움을 살피는 자를 인장(仁將)이라고 한다. 둘째, 직무를 구차하게 피하려 하지 않고 이익을 위해 뜻을 굽히지 않으며, 영예롭게 죽을지언정 굴욕적으로 살아남지 않는 자를 의장(義將)이라고 한다. 셋째, 높은 자리에 있어도 교만하지 않고, 승리해도 자신의 공을 내세우지 않으며, 뛰어난 능력을 갖추었어도 자신을 낮출 줄 알며, 굳세지만 참을 줄 아는 자를 예장(禮將)이라고 한다. 넷째, 예측하기 어려울 정도로 기발하게 대처하고 헤아릴 수 없을 정도로 다양하게 대응해 화를 복으로 바꾸고 위기를 승리로 이끄는 자를 지장(智將)이라고 한다. 다섯째, 진격하는 자에게는 후하게 상을 주고 물러서는 자에게는 엄하게 벌을 주며, 상을 줄 때 미루지 않고 벌을 줄 때 지위 고하를 가리지 않는 자를 신장(信將)이라고 한다. 여섯째, 발은 군마처럼 날쌔고 기백은 천군(千軍)을 압도하며, 변방을 굳건히 할 수 있고 검과 창을 능숙하게 다루는 자를 보장(步將)이라고 한다. 일곱째, 높은 산에 오르며 험한 골짜기를 내달리고, 나는 듯이 말을 타며 활을 쏘고, 진격할 때는 맨 앞에 서고 퇴각할 때는 맨 뒤에서 싸우는 자를 기장(騎將)이라고 한다. 여덟째, 기세는 전군을 압도하고 강한 적도 가벼이 여기며, 졸렬한 전투가 될까 두려워하고 장대한 전투에서 맹위를 떨치는 자를 맹장(猛將)이라고 한다. 아홉째, 현자를 만나면 자신을 낮춰 예우하고 간언을 들으면 물 흐르듯 따르며, 너그러우면서도 올곧고 용맹하면서도 지략이 풍부한 자를 대장(大將)이라고 한다.

그렇다면 이 아홉 가지 유형은 각각 어떤 자질을 지니고 있을까요? 첫째, 인장입니다. 인장은 병사를 덕으로 인도하고 예로써 다스립니다. 장수의 덕망은 자기 스스로 훌륭한 장수로서 능력을 떨치는 것을 넘어 병사들의 실제적인 생활고를 살피는 데까지 확대됩니다. 인애로써 병사들이 추운지 혹은 끼니를 거르는지 살피며, 그들의 노고까지 헤아릴 수 있어야 합니다.

둘째, 의장입니다. 의장은 아무리 힘든 일이라도 구차하게 회피하려 들지 않습니다. 사사로운 이익을 추구하기 위해 뜻을 굽히지 않죠. 영예로운 죽음을 선택할지언정 굴욕적인 삶을 원치 않습니다.

셋째, 예장입니다. 예장은 겸허해서 높은 자리에 있어도 절대 교만하지 않습니다. 전투에서 승리를 거두어도 자기 혼자만의 힘으로 이룬 것이 아님을 잘 알고 있습니다. 당연히 공을 내세우지 않습니다. 뛰어난 능력을 갖추었지만 기꺼이 자신을 낮출 줄 압니다. 굳셈에만 의지하지 않고 때가 아니라고 여기면 묵묵히 참고 인내할 줄 압니다.

넷째, 지장입니다. 지장은 지략이 뛰어납니다. 적이 예측하기 어려울 정도로 기발한 계책으로 대처하며, 헤아릴 수 없을 정도로 다양한 전술로 대응합니다. 지장의 판단력과 기지는 화를 복으로 바꾸고 위기도 기회로 이끌 수 있습니다.

다섯째, 신장입니다. 신장은 상벌의 원칙을 엄격히 적용해 신의를 지킵니다. 진격하는 자에게는 후하게 상을 주고 물러서는 자는 엄하게 벌합니다. 공을 세워 상을 줄 때는 절대 기일을 미루지 않고, 벌을 줄 때는 지위 고하를 가리지 않습니다. 엄격한 원칙으로 병사들을 다스리므로 병사들은 장수를 굳게 믿습니다.

여섯째, 보장입니다. 보장은 군마처럼 발이 날쌔고, 많은 군사를 압도할 수 있을 만큼 기백이 드높습니다. 빠르고 민첩하며 검과 창을 잘 다룰 수 있어서, 이민족이 자주 출몰하는 변방을 굳건히 지켜낼 수 있습니다.

일곱째, 기장입니다. 기장은 험준한 지형에서도 말을 내달리며 활을 쏘는 데 능합니다. 그래서 진격할 때는 맨 앞에 서서 아군의 길을 터주고 퇴각할 때는 맨 뒤에 남아서 적을 상대할 수 있습니다.

여덟째, 맹장입니다. 맹장의 기세는 하늘을 찌릅니다. 용맹함으로 전군을 압도할 수 있으며 아무리 강한 적을 만나더라도 긴장하지 않고 맹렬히 싸웁니다. 싸움을 두려워하기는커녕, 오히려 전투에서 졸렬한 승리를 거둘까 겁내고, 장대한 전투에서 맹위를 떨치죠.

아홉째, 대장입니다. 대장은 현자를 만나면 자신을 낮춰 그를 예우해 가르침을 구합니다. 부하들이 간언하면 귀 기울이고, 너그러우면서도 올곧고 용맹하면서도 지략이 풍부합니다. 너그러우면서도 올곧다는 것은 인(仁)과 의(義)를 겸비했음을 뜻합니다. 현자를 만났을 때 자신을 낮춰 예우하고 간언에 귀 기울인다는 것은, 예(禮)로 행하고 신(信)에 따른다는 뜻입니다. 지략이 풍부하고 용맹하다는 것은 지(智)와 맹(猛)을 겸비했다는 뜻입니다. 참으로 장수 중의 장수라 할 수 있죠.

장수의 유형으로 제시한 인장, 의장, 예장, 지장, 신장, 보장, 기장, 맹장의 소양과 자질은 선 긋듯 명확히 구분해 카테고리화할 수 없습니다. 인장이면서 맹장일 수 있으며, 예장이면서 보장일 수도 있죠. 여기서 인장, 의장, 예장, 지장, 신장은 인(仁), 의(義), 예(禮), 지(智), 신(信), 즉 오상(五常)에 따른 분류입니다. 오상이란 본디 사람이 반드시 갖추어야 하는 도리를 말합니다. 〈장재〉에서 장수의 유형을 나누고 소양을 기술할 때 전투 기술보다 인품과 본성을 우선시했다는 점에 주의할 필요가 있습니다. 이는 품성이 장수를 판단하는 중요한 기준이 된다는 의미로 해석할 수 있겠죠.

또한 장수의 유형을 나눌 때 다섯 가지 도리 중에서 인(仁)을 가장 앞에 두었다는 점 역시 눈여겨볼 일입니다. 인(仁)은 사람인 변(亻)과 두 이(二)가 합쳐진 글자입니다. 나 자신만 위하는 것이 아니라 다른 사람과 친하게 지낸다는 데서 어질다는 뜻으로 쓰입니다. 즉, 인은 사람들을 사랑하는 마음입니다. 그래서 병사들의 노고를 헤아릴 줄 아는 덕망 높은 장수를 인장이라 한 것입니다. 누구보다 민첩하며 말 타고 활 쏘는 재주가 남다르다면 장수의 재목이 될 수 있습니다. 사사로운 이익에 굴하지 않고 자신을 낮출 줄 알며, 예리한 판단력과 슬기로운 기지로 전투에 임할 수 있다면 장수로 세울 수 있습니다. 그러나 무엇보다 남을 사랑하고 보듬을 줄 아는 사람이 진정한 장수입니다.

사람의 그릇을 말하다: 장기(將器)

〈장재〉가 장수의 유형과 재목을 구체적으로 기술했다면, 〈장기〉는 장수가 지닌 능력의 크고 작음을 말하고 있습니다. '장기(將器)'는 글자 그대로 풀이하면 장수의 그릇이란 뜻입니다. 그릇은 음식이나 물건을 담는 도구로, 안에 무엇을 담는지에 따라 용도와 명칭이 달라지죠. 밥을 담으면 밥그릇이 되고, 제수를 담으면 제기가 되며, 물을 담으면 물병이, 꽃을 담으면 꽃병이 됩니다.

사람은 종종 그릇에 비유되곤 합니다. 능력 있고 도량 넓은 사람을 일컬어 그릇이 크다고 하고, 그렇지 못한 사람은 그릇이 작다고 하죠. 《논어》에 "사람을 부릴 때는 그 그릇에 따라 한다"라는 말이 있는데, 여기서 말하는 그릇은 재능을 의미합니다. 사마휘는 제갈량을 큰 그릇이 될 만한 인재라 여겨 유비에게 소개했으며, 그러한 제갈량은 유비를 영웅의 그릇이라고 여겼습니다. 《삼국지》〈제갈량전〉에서는 '그릇'이라는 의미를 아예 '중시하고 귀히 여기다'라는 뜻의 동사로도 씁니다. 이처럼 그릇이란 도량과 재능, 인재의 의미를 모두 포괄하는 단어입니다.

〈장기〉에서는 장수의 그릇에도 차이가 있다고 지적합니다. 그런데 흥미로운 사실은 그 차이를 가르는 기준이 군사를 다루는 기술적 측면보다 사람을 다루는 내면적 소양에 초점을 맞추고 있다는 점이죠.

장수의 그릇은 쓰임의 크고 작음에 차이가 있다. 간교한 자들을 가려내고 화를 예견해 무리를 복종시킨다면 열 명을 거느리는 장수라 할 수 있다. 이른 아침 일어나 한밤중에 잠들 때까지 부지런히 일하고 언사를 신중히 살핀다면 백 명을 거느리는 장수라 할 수 있다. 올곧으면서도 사려 깊고 용감하면서도 싸움에 능하다면 천 명을 거느리는 장수라 할 수 있다. 겉으로는 위엄이 넘치고 마음속은 타오르며 부하들의 고단함과 괴로움을 알아주고 추위와 배고픔을 살필 수 있다면 만 명을 거느리는 장수라 할 수 있다. 현명한 사람과 유능한 사람을 천거하고 날마다 더욱 삼가며, 신의를 지키고 관용을 베풀며, 바로 다스려질 때나 어지러울 때나 품위를 잃지 않는다면 십만 명을 거느리는 장수라 할 수 있다. 인애로 부하들을 보듬어 아우르고 신의로 이웃나라를 승복시키며, 위로는 천문(天文)을 이해하고 가운데로는 인사(人事)를 살피고 아래로는 지리(地理)를 섭렵해 세상만사를 집안일처럼 관장할 수 있다면 천하를 거느리는 장수라 할 수 있다.

장수의 등급을 세분하는 여섯 가지 기준을 살펴보면 다음과 같습니다. 첫째, 열 명을 거느리는 장수는 간교한 자들을 가려내고 화를 예견해 무리를 복종시킬 수 있습니다. 우선 힘으로 복종시키기 전에 사람을 분별해낼 수 있어야 합니다. 누군가를 자신의 밑에 두기 위해서는 물리적인 힘의 우세뿐 아니라 사람과 정황을 파악하는 능력이 필요함을 역설합니다. 즉 부하들 가운데 진실한 사람과 사특한 사람을 분별해내고 간악한 무리로 인해 발생할 수 있는 재앙과 불화의 뿌리를 일찌감치 제거하고 방지해야 한다는 뜻이죠.

둘째, 백 명을 거느리는 장수는 이른 아침 일어나 한밤중에 잠들 때까지 부지런히 일하고 언사를 신중히 살필 수 있어야 합니다. 장수라고 해서 권위만 내세운 채 온종일 아랫사람을 부릴 수는 없겠죠. 그 스스로도 종일토록 부지런히 일해야 합니다. 또한 항상 자신의 언사를 신중히 살펴 허물이 생기지 않도록 주의해야 하죠. 부하나 타인의 옳고 그름을 지적하기에 앞서 자신의 인품과 기량을 먼저 살펴야 함을 강조한 것입니다.

셋째, 천 명을 거느리는 장수는 올곧으면서도 사려 깊고, 용감하면서도 싸움에 능합니다. 장수로서의 인품과 재능이 모두 중시되는 지점입니다. 장수는 지휘관이고, 군대는 병기입니다. 군대를 이끄는 장수는 당연히 전투에 능해야 하고 전장에서는 용감하게 싸울 수 있어야 합니다. 그렇다고 단순히 싸움만 잘해서는 안 됩니다. 올곧고 사려 깊어야 합니다. 올곧다는 것은 사사로움이 없이 바른 상태를 가리키며, 사려 깊다는 것은 병사들을 깊이 헤아리고 걱정해준다는 의미입니다. 사려 깊다는 의미의 여(慮)에는 계획이라는 뜻도 담겨 있죠. 사려가 깊으니 앞으로 나아갈 방향도 뚜렷하고 계획도 면밀하게 세울 수 있습니다. 장수가 정당한 명분과 올곧은 인품으로 군대가 나아갈 방향을 제시하고 함께 싸움터에 나설 병사들을 헤아린다면 그런 지휘관을 따르지 않을 병사는 아무도 없겠죠.

넷째, 만 명을 거느리는 장수는 겉으로는 위엄이 넘치고 마음 속은 타오르며, 부하들의 고단함과 괴로움을 알아주고 추위와 배 고픔을 살필 수 있습니다. 위엄이 넘치고 기개가 드높아 겉모습만 으로도 병사들을 고개 숙이게 할 수 있는 장수인데 속마음마저 정 으로 가득합니다. 정(情)이란 의지, 사랑, 인정, 욕망, 진실 등 다 양하고 복합적인 마음의 모양을 표현할 수 있는 글자입니다. 고되 고 사나운 싸움터에서 병사들의 노고를 이해하려면 한 가지 마음 만으로는 부족함을 역설하는 것이기도 합니다. 여러모로 병사를 생각하는 마음은 고단하고 괴로우며 춥고 배고픈 부하들의 실제 상황에까지 가닿을 수 있습니다. 입고 먹는 문제는 아주 기본적인 생존 조건이죠. 그러므로 물적으로 병사들의 생존 여건을 확보하 고 심적으로는 아끼고 보듬는 것이 장수의 역할이라고 말하는 셈 입니다.

다섯째, 십만 명을 거느리는 장수는 현명한 사람과 유능한 사 람을 천거하고 날마다 더욱 삼갑니다. 신의를 지키고 관용을 베풀 며, 바로 다스려질 때나 어지러울 때나 품위를 잃지 않습니다. 낮 은 자가 높이 있는 자를 존경하고 따르는 것보다 높이 올라간 자 가 아래에 있는 자를 인정하고 끌어주는 것이 더욱 어려운 법입니 다. 현명하고 유능한 인재를 천거한다는 것은 자신을 기꺼이 낮출 수 있다는 뜻입니다. 자신보다 아래에 있는 부하의 가르침에 따르 는 장수라면 매우 겸손한 사람일 것입니다. 겸허의 미덕을 지닌 장수만이 남을 귀히 여기고 비로소 자신도 귀히 여김을 받을 수 있음을 일컫는 것이기도 합니다. 그런 장수라면 나라가 잘 다스려질 때나 어지러울 때나 한결같이 품위를 잃지 않고 신용을 지키며 관용을 베풀 수 있습니다.

마지막으로 천하를 거느리는 장수입니다. 천하를 거느리는 장수는 인애로 부하들을 보듬어 아우르고 신의로 이웃나라를 승복시킵니다. 위로는 천문(天文)을 이해하고 가운데로는 인사(人事)를 살피며 아래로는 지리(地理)를 섭렵해 세상만사를 집안일처럼 관장할 수 있습니다. 신의로 승복시킨다는 것은 무력을 사용하지 않고 승리를 거둔다는 말입니다. 그러려면 장수의 인품과 신의, 그의 삶 자체가 타인에게 존경을 받아야 합니다. 자연의 섭리와 이치를 이해해 천지인을 하나로 아우를 수 있으면 비로소 천하를 다스릴 수 있습니다. "천하는 큰 그릇이요, 만물은 그 안에 담긴 귀중한 재물이다"라고 합니다. 《반경(反經)》〈칠웅략(七雄略)〉에 실려 있는 글이지요. 천하를 거느릴 수 있는 장수가 장수 중의 장수이며, 그릇 중의 그릇입니다. 큰 그릇의 장수가 거느리는 천하 역시 큰 그릇이라고 할 수 있습니다. 그 그릇 안에 담긴 귀중한 재물이란 백성을 비롯한 천하의 모든 인적, 물적 자원을 의미합니다.

전투를 승리로 이끌기 위해서는 지혜와 힘이 모두 조화를 이루어야만 합니다. 그러나 아무리 지혜롭고 용맹한 장수가 이끄는 군대라 할지라도 그 혼자만의 힘으로 전쟁에서 승리하기는 어렵습니다. 싸움에서 승리하기 위해서는 반드시 장수의 손과 발이 되어 치열하게 싸울 수 있는 병사들이 필요합니다. 병사 없이 장수 홀로 싸울 수는 없죠. 장수는 병사들과의 관계 속에서 비로소 능력을 발휘할 수 있습니다. 그래서 장수가 지닌 역량에 따라 그가 다스릴 수 있는 조직의 규모도 달라집니다. 능력에 따라 장수에게 등급을 매겨 서열을 명시하겠다는 의도가 아닙니다. 적어도 군대는 장수의 그릇에 따라 맡겨져야 하고, 그래야만 비로소 제 기량을 다할 수 있으며, 그러한 군대라야 싸움에 나서서 승리할 수 있음을 제언하는 것입니다.

시대에 따라 인재를 판단하는 기준은 달라집니다. 그러나 조직을 이끌 수 있는 인재를 발굴하는 일만큼은 시대를 막론하고 대단히 중요하죠. 유비는 제갈량을 얻기 위해 삼고초려를 마다하지 않았으며, 세종대왕은 장영실이 관노 출신임을 문제 삼지 않았습니다. 그들의 외적 조건이 아니라 재능을 높이 샀던 까닭입니다.

스스로 경계해야 할 점: 장폐(將弊)

《장원》에는 '장수가 되려는 사람의 도리(爲將之道)'라는 말로 시작하는 글이 세 편 있습니다. 그 첫 번째인 〈장폐〉에서는 장수가 스스로 경계해야 할 점을 크게 여덟 가지로 나누어 밝힙니다. '여덟'이라는 수는 사방팔방(四方八方)이라는 관용적 표현에서도 확인되는 것처럼 '가능한 모든 경우의 수'를 가리킵니다. 즉 장수가 되려는 사람이 스스로 경계해야 할 모든 일을 꼽은 것이라고도 풀이할 수 있죠. 더욱이 〈장폐〉에 앞서는 〈장재〉와 〈장기〉에서 장수의 유형과 그릇을 논한 뒤, 곧이어 금지의 형식으로 장수의 기본 조건을 제시하는 점이 흥미롭습니다.

> 장수 된 자는 여덟 가지 폐단에 주의해야 한다. 첫째, 욕심이 끝이 없어 만족할 줄 모른다. 둘째, 현명한 자와 유능한 자를 질투한다. 셋째, 참언을 믿고 아첨을 좋아한다. 넷째, 상대는 알면서 정작 자신은 알지 못한다. 다섯째, 주저하면서 스스로 결단을 내리지 못한다. 여섯째, 주색에 빠져 헤어 나오지 못한다. 일곱째, 남에게는 간사하고 스스로는 비겁하다. 여덟째, 사람을 해하는 말을 하고 예의를 지키지 않는다.

절대 권력을 가진 사람은 언제나 스스로를 검열하고 통제해야 합니다. 장수의 도리에서 가장 먼저 그가 저지르기 쉬운 폐단을 지적하는 것은 이 때문이죠. 폐(弊)라는 글자는 아래쪽이 비뚤어져 기울어진 모습을 가리킵니다. 고의로 물건을 비뚤어지게 만든다는 뜻이 있는데, 나아가 인위적인 잘못, 사람이 저지른 잘못이라는 뜻이 생겨났습니다. 특히 여기서는 위에서 무리를 이끄는 사람의 잘못이 결국 조직 전체를 무너뜨린다는 의미로 읽힙니다.

그럼 장수가 경계해야 할 점을 구체적으로 살펴볼까요. 첫째는 만족을 모르며 질리지도 않고 욕심을 부리는 일입니다. 욕심에는 여러 가지가 있습니다. 사리사욕에 사로잡혀 부정부패까지 저지르는 일은 두말할 나위 없이 삼가야겠죠. 하지만 공동체를 위한 욕심이라 해도 지나치면 문제를 일으킬 수 있습니다. 전장에 나선 장수라면 누구나 적에게 승리를 거두어 공을 세우려 합니다. 말하자면 이는 장수들의 공인된 목표인 셈입니다. 그러나 승리에 눈이 멀어 애꿎은 병사들을 죽음으로 몰아넣거나 눈부신 공적을 세우기 위해 무리한 작전을 펼치는 일 또한 만족을 모르는 욕심의 소산입니다. 욕심은 원래 사람이 사물을 대하면서 본성이 움직여 나타납니다. 이러한 마음이 천륜과 인정에 부합하면 순조로이 공적으로 이어지지만, 사리에 어그러지면 마땅히 가야 할 길에서 벗어나고 맙니다. 하고자 하는 마음(欲心) 자체는 나쁘지 않지만, 만족을 모르는 욕심은 장수가 무엇보다 삼갈 일이겠죠.

둘째는 현명한 사람을 질투하고 재능 있는 사람을 시기하는 일입니다. 나보다 더 현명하고 재능 있는 인재는 언제 어느 곳에나 있습니다. 훌륭한 장수라면 뛰어난 인재를 두루 아우르고 같은 목표를 위해 일하도록 설득해야 합니다. 물론 뛰어난 사람을 부러워하고 강샘하는 마음은 누구에게나 있습니다. 훌륭한 장수라 해도 예외는 아니죠. 그러나 모두의 생명을 좌우할 수 있는 절대 권력을 가진 사람이 개인감정을 앞세워 뛰어난 사람을 물리친다면, 그가 이끄는 공동체는 오래 유지될 수 없을 겁니다. 자신에게는 없는 다른 사람의 재능을 인정하고 있는 그대로 받아들일 줄 아는 아량은 장수에게 무엇보다 절실한 능력이라 할 수 있습니다.

셋째는 참언과 아첨에 귀를 기울이는 일입니다. 참언은 거짓을 꾸며서 남을 헐뜯는 말이고, 아첨은 윗사람이 듣기 좋으라고 꾸미는 말입니다. 장수는 전군에서 가장 높은 위치에 있는 만큼 많은 사람을 거느립니다. 많은 사람을 이끄는 리더에게 참과 거짓을 가려낼 줄 아는 능력은 기본 중의 기본이죠. 아랫사람이라면 대체로 남보다 먼저 윗사람의 눈에 들기를 바랍니다. 남을 헐뜯는 것은 나를 높이고자 함이고, 듣기 좋은 말을 하는 것은 윗사람의 눈에 들기 위함입니다. 참언과 아첨은 목적이 너무도 분명한 거짓입니다. 그런 말에 귀를 기울인다는 것은 장수에게 참과 거짓을 가려낼 안목이 없다는 의미죠. 참과 거짓을 가릴 안목을 갖추었는데도 참언을 믿고 아첨하는 사람을 좋아한다면 장수가 사사로운 마음에 눈이 멀어 진실을 알고도 추구하지 않는다는 뜻입니다.

넷째는 적을 잘 안다고 자부하면서 정작 자신에 대해서는 제대로 알지 못하는 일입니다. 사람은 대개 자기에게 관대하고 남에게는 엄격합니다. 내 일은 크게, 남의 일은 작게 인식하는 것이 일반적이죠. 남의 염병이 내 고뿔만 못하다는 속담은 이 이율배반적 태도를 극적으로 드러냅니다. 사람이 자기 자신을 객관적으로 평가하는 건 결코 쉬운 일이 아닙니다. 조해리의 창(Johari's Window)이라는 심리학 이론에 따르면, 인간의 자아는 '나도 알고 남도 아는 나' '나는 알지만 남은 모르는 나' '나는 모르지만 남은 아는 나' '나도 모르고 남도 모르는 나'라는 서로 다른 네 영역으로 구분됩니다. 그러니까 인간은 기껏해야 자신을 절반쯤 파악할 수 있는 셈이죠. 그런데 우리가 일부만 알고 있으면서 전부를 안다고 믿으면 어떻게 될까요? 당연히 판단 착오가 일어납니다. 더구나 누구에게나 존재하는 이 인간적인 약점을 지닌 사람이 생사여탈권을 쥔 절대 권력자라면 어떨까요? 이는 곧 조직을 망치는 치명적인 약점이 될 겁니다. 그래서 장수가 되려는 사람은 적어도 스스로의 한계를 인식할 줄 알아야 합니다.

　나에 대해서든 적에 대해서든 '전부'를 이해하는 사람은 매우 드뭅니다. 그러기에 맹자는 역지사지(易地思之)의 지혜를 이야기했습니다. "예로 대하는데도 사람들이 응하지 않으면 진실로 공경하는 마음이 있었는지 반성하고, 사람을 아끼는데도 친해지지 않으면 그 어진 행동이 마음에서 우러난 것인지 반성하며, 남을 다스리려 하는데도 잘 되지 않으면 지혜롭게 처세했는지 반성하라(禮人不答反其敬, 愛人不親反其仁, 治人不治反其智)." 공경하는 마음은 예의의 기초이며, 어진 마음은 친하고 아끼는 행위의 기초이고, 지혜로움은 다스림의 기초입니다. 스스로 기초를 제대로 닦았는지 따지는 자세가 언제나 일의 성패에 우선합니다. 나에 대해 아는 것이 곧 모든 인식의 기초(基)입니다. '나'를 제대로 인식하지 못한 사람이 '적'을 제대로 인식할 리 없겠죠.

　다섯째는 주저하면서 도무지 결단을 내리지 못하는 일입니다. 군대는 장수의 명령에 따라 움직입니다. 명령이 제때 내려지지 않거나 내용이 명확하지 않으면 조직 전체가 혼란에 빠집니다. 높은 자리에 앉은 사람은 말과 행동이 분명해야 하는 법입니다. 분명한 말과 행동은 심사숙고를 통한 정확한 판단, 그리고 자신이 한 말과 행동에 책임을 지겠다는 신념에서 나옵니다. 장수가 주저하면서 결단을 내리지 못하는 것은 자신이 숙고한 결론에 믿음이 부족하다는 의미겠죠. 스스로를 믿지 못하는 장수를 그 누가 믿을 수 있을까요.

여섯째는 본능적 욕구를 적절하게 제어하지 못해 선을 넘는 일입니다. 《장원》의 원문에서는 '주색(酒色)'을 꼽고 이를 도에 넘게 추구하는 일을 지적했습니다. "먹고 마시는 것과 남녀가 서로 끌리는 것은 사람의 원초적 본능이다(飲食男女, 人之大欲)." 《예기(禮記)》에 실린 이 문장은 사람이라면 누구나 지니고 있는 본능적 욕구를 인정합니다. 개체와 종을 유지하고자 하는 이 욕구는 사실 모든 생명체에게 가장 중요합니다. 그러나 사람은 본능적 욕구를 좇는 데 그치지 않으며 반드시 사람다운 '방식'을 추구하기 마련이죠. 그 방식은 사회의 인준과 관련되며, 우리는 이것을 '문화'라고 부릅니다. 장수는 군대, 나아가 그 군대가 속한 사회와 국가를 이끄는 리더입니다. 리더가 본능적 욕구에만 충실하다면, 그가 이끄는 집단은 더 이상 인간의 사회라 할 수 없을 겁니다. 더욱이 장수라면 모름지기 남보다 앞서 스스로 실천하는 모범을 보여야 합니다. 옛말에 윗물이 맑아야 아랫물이 맑다고 하지 않던가요. 위에서 스스로를 바로 세우지 못하는 한 아래가 꿋꿋이 버틸 방법은 없습니다.

일곱째는 간사하고 비겁한 행위를 감히 저지르는 일입니다.

간사함은 나쁜 꾀를 부리며 거짓으로 남의 비위를 맞추는 태도를 가리킵니다. 비겁함은 사람의 행동과 성품이 천하고 졸렬하며 겁이 많은 것을 가리키고요. 사실 이러한 문제는 어느 정도 타고난 자질과도 연관됩니다. 대담한 천성을 지닌 사람이 있는가 하면, 소심한 천성을 타고나는 사람도 있죠. 그러나 천성은 의지와 노력에 따라 얼마든지 극복할 수 있습니다. 사람은 누구나 위험 앞에서 공포를 느끼며 자기 몸을 먼저 위하고자 하는 본능을 지니고 있습니다. 간사하고 비겁한 행위를 저지를 순간은 누구에게나 찾아옵니다. 그러므로 용기는 공포를 느끼지 않는 사람이 타고난 재능이 아니라, 공포를 느끼면서도 이를 극복하는 의지를 지닌 사람에게 주어지는 포상입니다. 진정한 용기를 획득한 사람이라야 '장수의 길(將之道)'을 걸어갈 자격이 있습니다.

여덟째는 간교한 언변으로 예를 어기는 일입니다. 예란, 일종의 사회적 인준으로서 사람이 사람답기 위해 지켜야 할 규범입니다. 이런 규범은 때로는 불편할 정도로 우리의 말과 행동을 제약합니다. 사람은 누구나 자유를 억압하는 규범에 반발하는 마음을 품게 되며, 이를 어기려는 욕구 때문에 갈등을 겪기도 합니다. 누구도 과오를 저지르지 않는다고 자신할 수 없습니다. 인간은 완벽하게 강한 존재가 아니기 때문이죠. 위기의 순간은 누구에게나 찾아옵니다. 문제는 과오에 대처하는 우리의 자세입니다. 자신의 과오를 인정하고 고치고자 하는 사람은 적어도 과거의 자신보다 조금 더 나은 사람이 될 기회를 얻습니다. 역사는 "잘못을 고치는 것보다 더 위대한 선은 없다(過而改之, 善莫大焉)"라고 가르칩니다. 그러나 간교한 언변으로 자신의 과오를 무마하려는 사람은 결국 점점 더 큰 잘못을 저지르고, 마침내 돌이킬 수 없는 파멸의 길로 들어서죠. 나라의 군대를 이끄는 장수가 이런 지경에 이르렀다면, 그 나라에는 더 이상 희망이 없을 겁니다.

장수란 군대 전체, 나아가 국민의 생명을 좌우하는 사람입니다. 그의 소명은 모두를 죽음에서 건져내 삶으로 이끄는 것입니다. 전장에서 장수는 그 누구보다 큰 직권을 소유하며, 그에 필적하는 책임 또한 홀로 견딜 줄 알아야 합니다. '장수가 하지 말아야 할 거의 모든 것'을 지적하고 있는 이 글의 무게는 그래서 그만큼 무겁게 다가옵니다.

뜻을 세우다: 장지(將志)

〈장지〉는 '군대는 흉기다'라는 말로 시작합니다. 흉기는 사람을 해치거나 죽이기 위한 도구이니, 군대란 다름 아닌 사람을 해치는 흉악한 무기라는 뜻이죠. 《설문해자(說文解字)》에서는 "흉(凶)은 곧 악(惡)이다"라고 했고, 《이아(爾雅)》에서도 '흉'을 허물이나 재앙을 가리키는 글자인 '구(咎)'와 같은 뜻으로 설명합니다.

군대는 사람을 해하는 흉기이다. 그러므로 장수는 매우 위험한 직책을 맡고 있는 것이다. 병기는 단단할수록 쉽게 부서지고 임무는 무거울수록 위험하다. 따라서 훌륭한 장수는 강하다고 과신하지 않고 세력을 떨친다고 자만하지 않는다. 총애를 받더라도 기뻐하지 않으며 굴욕을 당하더라도 두려워하지 않는다. 재물을 보더라도 이익을 탐하지 않고 미인을 보더라도 유혹에 빠지지 않으며, 오직 나라를 위해 목숨을 바치겠다는 일념뿐이다.

　군대가 흉기라면 장수라는 직책은 참으로 위험한 자리가 아닐 수 없습니다. 장수의 품성과 마음가짐이 어떤지에 따라서 군대의 행보가 확연히 달라질 수 있기 때문이죠. 그래서 장수의 임무는 무거울 수밖에 없습니다.

　'흉'에 맞서는 의미는 '길'입니다. '길하다'라는 것은 운이 좋고 상서로움을 의미합니다. 나라가 길한 때를 만나 평화를 누릴 수 있다면 더 이상 바랄 게 없겠죠. 그러나 인류 역사상 인간이 전쟁과 싸움으로부터 자유로웠던 때가 과연 얼마나 될까요. 군대는 언제나 만일에 대비해 잘 훈련되어 있어야 합니다. 나라의 안보와 이익을 위협하는 적이 존재하는 상황이라면 더더욱 강력해져야 할 테고요.

　어떻게 하면 강력한 군대를 만들 수 있을까요. 〈장지〉에서는 장수 자신을 먼저 다스리라고 조언합니다. 구체적인 군사훈련 방식이나 전쟁의 기술을 제시하기에 앞서 우선적으로 장수의 품성을 요구합니다. 장수는 자기 자신을 향해서도, 자기가 이끄는 군대를 향해서도, 그리고 자신을 장수로 임명한 군주를 향해서도 바른 마음가짐을 지니고 있어야 합니다. 재물을 보더라도 이익을 탐하지 않고 미인을 보더라도 유혹에 빠지지 않는 것은 자신의 몸과 마음을 바르게 하기 위한 기본 조건입니다. 강하다고 과신하지 않고 세력을 떨친다고 자만하지 않는 것은 신중하고 겸손해야 할 기본 마음가짐입니다. 또한 총애를 받더라도 기뻐하지 않고 굴욕을 당하더라도 두려워하지 않으며 나라를 위해 목숨을 바치겠다는 일념을 지녀야 합니다. 장수는 개인의 명성과 광영을 추구하는 게 아닌 오직 군주와 나라를 위해 충성하는 직책이기 때문이죠.

병기는 강해야 하지만 단단한 것은 쉽게 부서지기도 한다는 사실을 간과해서는 안 됩니다. 강한 것이 강한 것과 부딪치면 쉽게 깨집니다. 그러나 강한 것을 부드러운 것으로 감싸면 강한 것끼리 충돌하더라도 쉽게 부서지거나 깨지지 않겠죠. 장수의 올바른 가치관은 강한 군대에 부드러운 옷을 덧입혀줍니다. 올바른 신념으로 무장한 군대는 아무리 단단한 적이나 모진 환경을 만나더라도 흔들림 없이 지탱해나갈 수 있습니다.

현대사회의 리더는 조직을 더욱 효율적으로 운용하고 발전시키기 위해 끊임없이 고민해야 합니다. 그러나 그 고민의 가장 첫 번째 순서는 반드시 리더 자신의 인성과 가치관에 대한 성찰이 되어야 합니다. 자신을 다스리지 못하는 리더는 어느 누구도 다스릴 수 없습니다.

앎과 행을 말하다: 장선(將善)

〈장선〉에서는 장수가 잘 알아야 하는 다섯 가지와 꼭 해내야 할 네 가지를 들어 장수가 갖출 역량을 논합니다. 장수가 잘 알아야 할 다섯 가지는 모두 장수의 판단과 관련됩니다. 전장에서 장수의 판단은 모두에게 영향을 미치는 중요한 결정으로 이어지며, 장수의 결정은 군주조차도 번복할 수 없을 만큼 절대적입니다. 따라서 그의 판단은 신중하고도 정확해야 합니다. 장수가 잘 알아야 할 다섯 가지는 모두 그 판단을 좌우할 수 있는 기본 정보와 관련이 있습니다.

> 장수에게는 잘 알아야 할 다섯 가지와 꼭 해내야 할 네 가지가 있다. 잘 알아야 할 다섯 가지는 다음과 같다. 첫째, 적의 형세를 잘 파악한다. 둘째, 진퇴의 방법을 잘 운용한다. 셋째, 국력의 허실을 잘 헤아린다. 넷째, 천시(天時)와 인사(人事)를 잘 이해한다. 다섯째, 험준한 산천(山川)의 지형을 잘 이용한다.

원문을 좀 더 자세히 살펴볼까요. 첫째, 적의 형세를 알아야 합니다. 적의 형세는 적군의 체제와 현황, 변화를 포함합니다. 이는 전장의 장수가 반드시 파악해야 하는 필수 불가결한 정보입니다. 적에 관한 정보 입수 여부와 정확성, 다양성과 중요도 등은 장수가 세우는 전략전술의 향방을 결정짓는 중요한 지점이 됩니다.

둘째, 진퇴의 길(道)을 알아야 합니다. 적과 대전할 때 진로와 퇴로를 확보하는 것은 전장의 장수에게 중요한 일입니다. 그러나 이 말은 지형과 지리를 파악해 군대의 진퇴를 결정한다는 일차적 의미를 넘어섭니다. '도'라는 글자는 물리적인 길뿐 아니라 목적에 도달하는 유효한 방법을 가리키기도 합니다. 진퇴의 길을 잘 안다는 말은 곧 진격하고 퇴각하는 모든 과정을 잘 운용할 줄 알아야 한다는 뜻입니다.

셋째, 국력의 허실을 잘 알아야 합니다. 적아(敵我)를 불문하고 국력은 전쟁에서 쓸 수 있는 자원의 원천입니다. 자원이 고갈된다면 전쟁을 지속할 수 없겠죠. 자원의 적절한 분배는 평상시뿐 아니라 비상시에도 경영의 기본입니다.

넷째, 천시와 인사를 잘 알아야 합니다. 천시란 계절이나 기후 등 자연의 변화를 통틀어 가리키고, 인사는 사람에게 마땅한 의례를 가리킵니다. 천시는 사람의 삶에 절대적 영향을 끼치는 자연의 상황입니다. 나라든 군대든 모든 공동체가 궁극적으로 의지하는 대상은 결국 '사람'입니다. 전쟁은 비상 상황입니다. 그러나 아무리 비상 상황이라도 사람다운 삶을 완전히 포기할 수는 없겠죠. 사람을 거스르는 군대가 영원한 승리를 거둘 수 없는 이유가 여기에 있습니다.

다섯째, 산천의 험조(險阻)함을 잘 알아야 합니다. 험(險)은 깎은 듯이 서 있는 벼랑을 가리키며, 조(阻)는 산이나 강에 의해 길이 가로막힌 것을 일컫습니다. 어떤 조건에서든, 갈 수 있는 길과

갈 수 없는 길을 알고 이용하는 것이야말로 장수가 갖추어야 할 기본 역량입니다.

원문에서는 이어서 장수가 꼭 해내야 할 네 가지를 이야기합니다. 이는 군대의 우두머리로서 장수가 수행하는 과업과 연관됩니다. 출몰하는 위기를 극복하고 문제를 해결하기 위해 필수적인 능력을 간추린 것이라 하겠습니다.

꼭 해내야 할 네 가지는 다음과 같다. 첫째, 전투에서는 유연하게 대처할 줄 알아야 한다. 둘째, 계책을 세울 때는 주도면밀해야 한다. 셋째, 무리를 안정시킬 수 있어야 한다. 넷째, 마음을 하나로 모을 수 있어야 한다.

장수가 해내야 할 일은 첫째, 유연한 대처입니다. 〈장선〉에서는 정공법 외에 여러 방식으로 전투를 이끌어야 한다는 점을 강조했습니다. 전장은 돌발 상황이 연달아 발생하는 곳입니다. 장수는 상황 변화에 따라 다양한 전략과 전술을 구사해야 합니다. 《장원》의 원문에서는 '전욕기(戰欲奇)'라고 하여 이런 측면을 강조합니다. 군대와 관련된 글에서 기(奇)는 자주 '기습'을 의미합니다. 그러나 여기서는 전투 방식으로서의 기습을 잘 이용할 줄 알아야 한다는 뜻에 국한하기보다는, 상황에 따라 적절한 방식을 유연하게 활용해야 한다는 의미로 읽어야 합니다.

둘째는 계책의 치밀(緻密)함입니다. 밀(密)이라는 글자는 여기서 주도면밀과 기밀 유지라는 두 가지 의미를 지닙니다. 계책을 세울 때는 먼저 가능한 모든 상황을 고려해서 허점을 노출하지 않도록 해야 합니다. 또한 이때 가장 중요한 것은 계책이 적군에게 노출되지 않도록 하는 것, 즉 기밀 유지입니다. 적이 아군의 전략을 알아차린다는 것은 허점을 드러내는 일에 다름 아닙니다. 주도면밀한 계책과 기밀 유지는 동전의 앞뒷면처럼 떼려야 뗄 수 없는 관계에 있는 셈이죠.

셋째는 무리의 안정입니다. 이는 군대 안의 정숙(靜肅)이 유지되는 것, 병사들이 심적인 동요를 일으키지 않는 것을 가리킵니다. 정(靜)이라는 글자는 본디 사물과 사물이 서로 팽팽하게 당겨져 움직이지 않는다는 의미를 지닙니다. 아무것도 없어서 고요한 게 아니라, 팽팽한 긴장감이 도리어 고요함을 낳는다는 뜻이죠. 산골짜기를 세차게 흐르는 시냇물은 큰 소리를 내지만, 넓은 평야를 흐르는 강물은 언뜻 보기에 고요해 보입니다. 그러나 잔잔한 물결 아래로 소용돌이가 치기도 하고 흙탕물이 일기도 합니다. 잘 훈련된 병사들이 모인 군대라면 저력을 감추고 고요히 흐르는 큰 강물과 같을 겁니다.

넷째는 하나 된 마음입니다. 하나 된 마음은 장수의 관점에서도, 군대의 관점에서도 필요합니다. 전장에 나선 장수는 나라와 군대 안의 모든 생명을 지키고자 노력하는 '오직 한마음'을 가져야 합니다. 이는 '보다 나은 삶'을 추구하는 모든 리더의 비전과 연결됩니다. 물론 스스로 이러한 비전을 위해 온 마음과 힘을 다하는 것만으로는 부족하죠. 모두가 한마음 한뜻으로 자신의 비전에 따르도록 이끄는 능력이야말로 모든 공동체의 리더가 갖추어야 할 기본이 아닐 수 없습니다.

이 글은 장수가 '잘 알아야 하는 것(善知)'과 '꼭 해내야 하는 것(欲)'을 일일이 짚어 말하고 있습니다. 그래서 〈장선〉은 장수의 기본기를 다루는 글로 해석됩니다. 장수라면 적의 형세, 진퇴 방식, 국력의 허실, 하늘과 사람의 이치, 산천의 험준함을 잘 알아야 합니다. 이는 군대, 전술, 사리, 정치, 지리의 문제와 연관됩니다. 장수라고 싸움터의 일만 알아서는 안 됩니다. 전쟁은 상술한 모든 조건이 얽히고설킨 가운데서 벌어지는 최종 현상이기 때문이죠. 그래서 장수는 한 공동체의 운명과 연관된 제반 정보를 파악해야 합니다. 이러한 기초 위에서만 나라와 군대의 운명을 가름하는 정확한 판단이 가능합니다. 장수의 기본기는 이런 기초를 떠나서 존재할 수 없습니다. 이는 물론 장수뿐만 아니라 우리 모두에게도 적용되는 이야기입니다.

균형을 이루는 법: 장강(將剛)

〈장강〉은 균형을 논합니다. 균형은 강함과 약함의 조화로 이루어지고, 조화는 유연함으로 승화됩니다. 강함과 약함이 조화롭게 균형을 이루는 상태란 무엇일까요. 부드럽기만 한 것도 굳세기만

한 것도 아닌 상태, 즉 굳셈 속에 부드러움이 있고 부드러움 속에 굳셈이 있는 상태입니다.

> 훌륭한 장수는 굳세지만 부러지지 않고, 부드럽지만 굽히지 않는다. 그러므로 약함으로 강함을 제압하고 부드러움으로 굳셈을 제압한다. 부드럽고 약하기만 하면 그 세력은 틀림없이 깎여나가며, 굳세고 강하기만 하면 그 세력은 틀림없이 멸망하기 마련이다. 부드러움 속에 굳셈이 있고 굳셈 속에 부드러움이 있어야 상도(常道)에 부합한다.

이 글에서는 "훌륭한 장수는 굳세지만 부러지지 않고, 부드럽지만 굽히지 않는다"라고 했습니다. 그럴 수 있는 비결은 무엇일까요. 바로 균형을 이루는 것입니다. 유연함이란 부드럽고 약함만 의미하는 것 같지만, 사실 약함이 강함을 부드럽게 감싸고 있는 상태라고 표현하는 편이 더 적절합니다. 굳세기만 하면 부러지기 마련이고 부드럽기만 하면 휘어지기 마련입니다.

역대 정치가와 군사전략가가 나라를 다스리고 군대를 다스릴 때 따랐던 기본 원칙 중 하나가 바로 너그러움과 엄격함이 조화를 이루어야 한다는 관맹상제(寬猛相濟)입니다. 너그러움을 뜻하는 관(寬)은 곧 부드럽다는 뜻의 유(柔)와 상통합니다. 엄격함을 뜻하는 맹(猛)은 굳세다는 뜻의 강(剛)과 상통하죠. 《설문해자》에서는 강(剛)을 "굳세게 결단하여 끊다(彊斷也)"로 풀이합니다. 같은 글자로 풀이되는 강(彊) 역시 강한 힘을 뜻합니다. 강한 힘이 있어야 끊을 수 있다는 뜻입니다. 강(彊)은 활을 뜻하는 궁(弓)과 강(畺)이 합쳐진 글자입니다. 활이란 어떻게 잡아 당기느냐에 따라 힘과 속도, 도달점이 달라집니다. 활을 세게 잡아당길수록 화살은 멀리 날아갑니다. 화살에 힘과 속도를 실어주기 위해 활은 최대한 구부려져야 합니다. 굳셈이 부드러움으로부터 기인하는 것을 증명하는 가장 명징한 실례입니다. 유(柔)는 《설문해자》에서 "나무가 굽기도 하고 펴지기도 하는 것(曲直也)"이라고 풀이됩니다. 구부러지는 것과 뻗쳐 펴지는 것, 즉 곡직은 서로 상대적인 성질입니다. 하지만 나무는 두 가지 성질을 모두 가지고 있죠. 그렇기 때문에 탄력성이 필요한 창의 자재로 쓰일 수 있습니다.

〈장강〉에서는 특히 "약함으로 강함을 제압하고 부드러움으로 굳셈을 제압한다"라고 하며, 부드러움의 힘을 강조합니다. 이는 《도덕경(道德經)》에 나오는 "군대가 강하기만 하면 이길 수 없고 나무가 강하기만 하면 부러진다. 굳고 강하면 죽고 부드럽고 약하면 산다"라는 말과 일맥상통합니다. 부드러움으로 강함을 제압한다는 이유극강(以柔克剛)의 이치는 태극권의 핵심이기도 하죠. 태극권은 상대의 힘에 맞서지 않고 부드러운 동작으로 상대의 힘을 역이용합니다. 부드러움 속에 강력한 파괴력을 지니고 있는 것이죠.

또한 최상의 선은 물과 같다는 상선약수(上善若水)라는 말에도 강과 유를 고루 갖춰야 한다는 이치가 들어 있습니다. 물은 어떤 성분과도 쉽게 섞이고 어떤 용기에도 담길 수 있습니다. 부드러워서 부러지거나 끊어질 염려가 없기 때문입니다. 그래서 물은 좁은 협곡도 개울도 호수도 바다도 문제없이 흘러갑니다. 그러나 부드럽게 보이는 물이 일단 거세지면 그 물살은 세차게 땅 위를 뒤덮어 모든 것을 휩쓸어버립니다. 심지어 온 땅을 잠기게 할 수도 있죠. 강함과 약함, 굳셈과 부드러움의 속성을 모두 갖고 있는 것입니다. 물의 강한 속성이 극대화되면 딱딱한 얼음으로 변화합니다. 액체였던 물이 고체인 얼음이 되면 강한 성질만 남고 부드러운 성질은 사라져 더 이상 흐를 수 없습니다. 물이 딱딱한 얼음이 되면 쉽게 깨져버리죠. "굳세고 강하기만 하면 그 세력은 틀림없이 멸망하게 된다"라는 의미를 잘 설명해주는 자연의 이치라 할 수 있습니다.

러시아의 희곡 작가이자 사실주의의 선구자 안톤 체호프는 "부드러운 말로 상대를 설득하지 못하는 사람은 위엄 있는 말로도 설득하지 못한다"라는 명언을 남겼습니다. 이 말은 부드러움이 위엄을 초월하는 능력임을 설명해줍니다. 유하다는 것은 결코 유약함을 의미하지 않습니다. 다만 유연할 뿐입니다. 부드러움 속에 강함이 있고 강함 속에 부드러움을 지닌 사람이 되어야 하는 이유입니다.

교만함과 인색함을 경계하다: 장교린(將驕恡)

〈장교린〉에서는 장수 한 사람이 가진 교만함과 인색함이 궁극에는 어떤 결과를 초래할 수 있는지 강조합니다. 이를 통해 리더가 갖추어야 할 가장 기본적인 품성이 무엇인지 우회적으로 설명합니다.

장수는 교만해서는 안 된다. 교만하면 무례를 범하게 되고, 무례를 범하면 인심이 떠난다. 장수는 인색해서는 안 된다. 인색하면 상을 주지 않게 되고, 상을 주지 않으면 부하들이 목숨 바쳐 싸우지 않는다. 부하들이 목숨 바쳐 싸우지 않으면 군대는 공을 세울 수 없고, 공을 세우지 못하면 나라가 힘을 잃는다. 나라가 힘을 잃으면 도적들이 창궐한다. 공자는 말했다. "설령 주공(周公)과 같은 재능과 미덕을 지녔다 해도 교만하거나 인색하다면 더 이상 볼 가치가 없다."

《논어》〈태백(泰伯)〉에서 공자는 "설령 주공과 같은 재능과 미덕을 지녔다 해도 교만하거나 인색하다면 더 이상 볼 가치가 없다"라고 단언합니다. 주공은 주나라의 문물제도를 정비했을 뿐 아니라, 어린 나이에 왕위에 오른 조카를 대신해 섭정하면서 혼란기를 안정시켰던 유능한 인재입니다. 조카가 친정(親政)을 해도 될 만큼 장성하자 그는 자신이 계속 머물러 있으면 조카의 치정(治定)에 장애가 될까 우려해 망설임 없이 물러나 신하의 예를 갖춥니다. 주공은 공자가 롤모델로 삼기도 했을 만큼 훌륭한 인품과 뛰어난 능력을 갖춘 인물이죠. 그런 주공이라고 해도 교만하거나 인색하다면 그가 가진 모든 장점이 퇴색될 수 있다고 강조했습니다.

교(驕)는 6척 높이의 말(馬)을 가리키는 글자입니다. 높은 말 위에 앉아 아래를 내려다보듯 사람들을 대한다는 뜻에서 '교만하다' '경시하다' '제멋대로 하다'라는 의미로 확장되었죠. 인(吝)과 동자인 인(悋)은 '아끼다' '인색하다'라는 뜻을 가지고 있습니다. 다산 정약용은 《논어고금주(論語古今註)》에서 "교(驕)는 자신을 자랑하는 마음이고, 인(吝)은 베풀기를 아까워하는 마음"이라고 했습니다. 또 일본의 태재순(太宰純)은 《논어고훈외전(論語古訓外傳)》에서 "교만하고 자존심이 강하면 군자가 다가오지 않고, 인색하면 소인이 따르지 않는다"라고 했죠. 자신감이 지나쳐 다른 이의 마음을 상하게 하거나 베풀기를 아까워한다면 그 주변에 인재가 모이기 어렵습니다. 사람은 모두 제각각 쓰임새가 있기 마련입니다. 그러나 군자든 소인이든 아예 사람 자체를 모을 수 없으니 제아무리 출중한 리더라 해도 일을 도모하기란 쉽지 않을 겁니다.

교만하거나 인색한 사람들은 공통적으로 역지사지하지 않습니다. 교만한 사람은 대개 자신이 남보다 우위에 있다고 생각하므로 타인을 함부로 대하기 십상이고, 인색한 사람은 포상을 제대로 하지 않아 상대방을 서운하게 만듭니다. 양자 모두 타인의 기분을 상하게 하여 종국에는 상대와 멀어집니다. 다양한 사람들의 의견과 협력을 구해야 하는 리더라면 반드시 지양해야 할 치명적인 결함입니다.

결국 〈장교린〉은 인재를 모으고 관리하는 방식과 인재를 대하는 자세에 관한 이야기입니다. 사람을 어떻게 대우하는가에 따라 좁게는 대인 관계에서부터 넓게는 국가의 흥망성쇠까지 좌우할 수 있습니다. 관우의 일화를 보면 그 점을 잘 알 수 있죠.

관우는 여러 책에서 신의를 중시하고 용맹하며 문무를 겸한 이상적인 장수로 그려집니다. 그러나 그의 오만한 성격을 꼬집은 역사적 기록도 적지 않죠. 관우는 대체로 "병졸에게는 잘 대해주었지만 사대부에게는 교만했다"라고 합니다. 마초가 유비에게 투항했을 때는 제갈량에게 누가 더 뛰어난 장수인지 확인받으려 했고, 노장 황충이 후장군에 임명된 것에도 불쾌함을 드러냈습니다. 이같은 관우의 품성은 손권, 유봉, 미방과 사인에게도 유사하게 발현되었고 마침내 이들의 노여움을 불러왔습니다.

한번은 유비가 양아들 유봉과 친아들 유선 사이에서 후계자 문제로 고민했습니다. 제갈량을 비롯한 문무대신은 조심스럽게 유비의 의중을 살폈지만 관우는 적극적으로 나서서 유선을 지지했죠. 이 일로 관우는 유봉과 관계가 틀어집니다. 다른 사들의 의견에 귀 기울이기보다 자기 의견을 너무 꼿꼿하게 주장하고 나섰다가 적을 만든 셈입니다.

또한 관우는 평소 황충 등의 장수와 같은 수준에서 거론되는 것을 몹시 자존심 상해했습니다. 이에 독단으로 번성을 공격하고 전공을 세워 자신의 입지를 굳히고자 했죠. 출정할 때는 승리를 장담했지만 전세는 예상과 다르게 전개되었습니다. 조조의 협공 제안에 동의한 손권의 부대가 관우를 공격했고, 평소 관우의 오만함에 앙심을 품었던 미방과 사인이 군수물자를 대는 일에 힘을 다하지 않아 위태로운 처지에 놓이고 맙니다. 맥성에서도 패한 관우는 유봉에게 지원군을 요청했지만 차갑게 외면당합니다. 관우의 교만함이 스스로를 고립시킨 것이죠. 관우는 결국 주변의 도움을 받지 못하고 탈주로까지 끊긴 상황에서 손권에게 붙잡혀 처참한 최후를 맞이합니다. 관우를 쓰러뜨린 것은 유봉도 미방도 사인도 손권도 아닙니다. 그를 쓰러뜨린 가장 큰 요인은 바로 자신의 교만함이었습니다.

〈장교린〉에서는 또한 교만함만큼 위험한 것이 인색함이라고 경고합니다. 여기에는 금전적 포상뿐 아니라 병사들의 노고에 대한 진정한 위로와 격려의 표현도 포함됩니다. 전장은 목숨을 담보로 싸우는 곳이죠. 장수가 부하의 처지를 아랑곳하지 않고 정당한 보상을 제공하지 않는다면 사기는 떨어질 수밖에 없습니다. 항우의 예가 바로 그렇죠.

초나라 항우는 힘세고 용맹한 장수였습니다. 목숨을 잃은 마지막 전투를 제외하고는 적과의 전투에서 단 한 번도 패하지 않았던 장수로도 유명합니다. 그러나 그는 상을 내리는 데 대단히 인색했습니다. 전투에서 공훈을 세운 장수들에게 봉토를 하사하지 않았고, 빼앗은 땅을 모두 자신이 관리했습니다. 항우의 수하였던 한신도 초나라를 위해 크고 작은 공을 세웠지만 단 한 번도 제대로 된 상을 받은 적이 없었죠. 결국 한신은 항우를 떠나 유방에게 몸을 의탁하고 맙니다. 처음에 유방은 항우를 떠난 한신을 중용하지 않다가 소하의 적극적인 추천으로 그를 대장군으로 삼았으며, 일단 중용한 뒤에는 예를 다해 한신을 대했습니다. 대장군에 임명되면서 한신은 항우을 다음과 같이 평하죠.

"항왕이 노기를 품고 큰 소리로 꾸짖으면 천 명이 나가떨어진다. 그러나 현명한 장수를 신뢰하고 일을 맡기지 못하니 그는 필부에 지나지 않는다. 항왕은 사람을 공경하는 마음으로 대하고 자애를 베풀며 말도 온화하다. 병에 걸려 아픈 사람을 보면 눈물을 흘리며 먹을 것과 마실 것을 나누어 준다. 하지만 어떤 이가 공을 세워 봉작을 내릴 때가 되면 인장의 모서리가 닳을 때까지 만지작거리며 차마 주지 못하니 그가 보여주는 인(仁)은 아녀자 수준에 지나지 않는다."

항우는 리더로서 좌중을 휘어잡는 카리스마는 있었지만 지나치게 인색해 신하들의 공로를 치하하지도, 포상을 내리지도 않았습니다. 상대적으로 유방은 자신을 낮추고 부하들의 재능에 맞는 일을 맡겨 능력을 펼칠 수 있게 했습니다. 상벌도 미루지 않았고요. 전투에서 승리하면 모든 공을 장수들에게 돌리며 전리품을 나누고, 공을 세운 부하들에게 반드시 상을 내렸습니다.

항우는 한신에게 여러 번 사자를 보내 자신에게 돌아오라고 권유했지만 한신은 전혀 동요하지 않았습니다. 한신은 항우의 군대를 사방으로 포위해 압박했고 결국 고립된 항우는 스스로 목숨을 끊고 맙니다. 만약 항우가 한신에게 인색하지 않았더라면 중원의 패자는 농부의 아들 유방이 아닌 귀족 출신의 항우였을지도 모를 일입니다.

덕을 갖추고 허물을 멀리하다: 장강(將彊)

앞서 〈장폐〉와 〈장선〉이 훌륭한 장수가 되기 위한 실제적인 행동 강령을 제시했다면, 〈장강〉은 이상적인 장수에게 필요한 품성 도야와 장수의 덕을 해치는 허물을 구체적으로 논합니다.

장수에게는 갖추어야 할 다섯 가지 덕목(五彊)과 버려야 할 여덟 가지 허물(八惡)이 있다. 갖추어야 할 다섯 가지 덕목은 다음과 같다. 첫째, 절개를 지키는 고상함이 있어 올바른 기풍을 장려할 수 있다. 둘째, 부모를 공경하고 형제와 화목하여 명성을 떨칠 수 있다. 셋째, 신뢰와 의리가 있어 벗을 사귈 수 있다. 넷째, 깊이 생각하여 모두를 포용할 수 있다. 다섯째, 온 힘을 다해 공을 세울 수 있다.

원문을 자세히 살펴보죠. 장수가 갖춰야 할 첫 번째 덕목은 고절(高節)입니다. 서리가 내리는 늦가을 추위에도 굴하지 않고 꽃을 피우는 국화의 절개를 일컬어 상풍고절(霜風高節)이라고 합니다. 혼탁함 속에서도 기개를 잃지 않는 선비의 꿋꿋한 정신을 상징하기도 하는 말입니다. 장수라면 이처럼 시대의 혼탁함에 흔들리지 않으며 험난한 시련에도 굴복하지 않는 고결한 절개를 지켜야 합니다. 이러한 절개를 지닌 장수라면 올바른 기풍으로 군대를 바로 세울 수 있습니다.

둘째는 부모에게 효도하고 형제와 우애 있게 지내는 효제(孝弟)입니다. 《논어》에서 "효제가 인의 근본"이라고 한 것은 효제가 인을 실천하는 출발점이 된다는 의미죠. 인은 곧 사람을 사랑하는 마음입니다. 부모를 공경하고 형제를 사랑하는 마음으로 백성과 군대를 대해야 장수로서 그 이름을 떨칠 수 있습니다.

셋째는 신의(信義)입니다. 공자는 《논어》〈위정(爲政)〉에서 "사람에게 신의가 없다면 무엇을 할 수 있겠는가? 이는 마치 큰 수레에 예(輗)가 없고 작은 수레에 월(軏)이 없는 것과 같다. 그렇다면 어떻게 수레가 움직일 수 있겠는가?"라고 했습니다. 예와 월은 수레의 바퀴를 고정하는 쐐기입니다. 예와 월이 없으면 수레를 아예 움직일 수조차 없죠. 공자가 신의를 예월에 비유한 것은 무엇을 뜻할까요. 신의가 친구 간은 물론 장수와 부하, 장수와 군주, 나라와 나라 등의 사회적 관계를 유지할 수 있는 기본 덕목임을 말해줍니다.

넷째는 침려(沈慮)입니다. 조용히 그리고 깊이 생각하되 겉으로 드러내지 않는 것입니다. 개인이든 집단이든 국가든, 각자 자신들이 추구하는 바를 향해 나아가고 행합니다. 그런데 문제는 장수라는 위치가 개인뿐 아니라 집단 혹은 나라를 포용하는 자리라는 점입니다. 다양하고도 제각각인 개인과 집단을 포용해야 하죠. 그러려면 장수의 생각이 쉽게 읽혀서는 안 됩니다. 장수의 사고가 쉽게 노출된다면 장수의 의도와 관계없이 전략마저 예측당할 수 있습니다. 생각을 겉으로 드러내지 않되 깊이 생각해야만 포용할 수 있다고 한 것은 이러한 측면에 대한 경고입니다.

마지막으로 역행(力行)입니다. 역행이란 사명감을 가지고 온 힘을 다해 부지런히 힘쓰는 것입니다. 이이는 《율곡전서(栗谷全書)》에서 역행의 구체적 행위가 극기(克己)라고 설명합니다. 극기를 위해서는 몸과 마음을 다스려 예를 준수해야 합니다. 이는 《논어》에서 말하는 극기복례(克己復禮)와 상통합니다.

여기서 다섯 가지 덕목의 범위가 장수 자신에게만 한정되지 않고 타인과의 관계로 확대되고 있다는 점에 주의할 필요가 있습니다. 그 관계의 스펙트럼 역시 인간관계 전반에까지 확장됩니다. 그러므로 공을 세우기 위해서는 무엇보다 역행을 기반으로 삼아야 하며, 이를 위한 자기 통제와 단련이 전제되어야 합니다. 결국 자기 자신의 수련이 타인과의 관계에 기본이 되고 그 관계를 통해서 이상적인 장수의 품성을 도야할 수 있음을 명시하고 있는 것입니다.

한편 장수의 덕을 해치는 허물은 모(謀), 예(禮), 정(政), 부(富), 지(智), 여(慮), 달(達), 패(敗)라는 키워드를 통해 제시됩니다.

장수의 덕을 완전하지 못하게 하는 여덟 가지 허물은 다음과 같다.

첫째, 계책이 부족해 시비를 가름하지 못한다. 둘째, 예가 부족해 유능한 인재를 등용하지 못한다. 셋째, 정치력이 부족해 형벌과 법률을 바르게 적용하지 못한다. 넷째, 재물이 있어도 궁핍하거나 재난을 당한 사람들을 구제하지 못한다. 다섯째, 지혜가 부족해 앞으로의 일을 예견해 대비하지 못한다. 여섯째, 사려가 깊지 않아 빈틈이 생기는 것을 막아내지 못한다. 일곱째, 지위가 높아졌는데도 알고 있는 인재를 천거하지 않는다. 여덟째, 실패했을 때 원망과 비방을 피하지 못한다.

장수가 갖춰야 할 덕목이 다섯 가지인 데 비해 허물이 여덟 가지나 거론되고 있는 것은 무엇을 의미할까요. 곧 장수라는 지위가 상징하는 무게가 어느 정도인지를 간접적으로 설명해준다 하겠습니다.

그중 첫째는 계책(謀)이 시비를 가름할 수 있는 경지에 이르지 못하는 것입니다. 계책이란 전쟁을 승리로 이끌기 위한 전략과 전술은 물론 아군을 조직하고 다스리는 방책, 더 나아가 적군을 대하는 모든 책략을 아우르는 말입니다. 만약 장수에게 계책이 없다면 무엇이 옳고 그른지, 어떤 방향으로 조직을 이끄는 것이 마땅한지 갈피조차 잡지 못하겠죠. 이런 장수가 이끄는 군대는 반드시 패할 수밖에 없습니다. 또 계책을 세웠지만 만약 그 시비를 가름할 수 있는 정도에 이르지 못하고, 그 계책의 정당성을 확보할 수 없다면 어떻게 될까요. 계책이 온전할 수도, 승리를 담보할 수도 없게 됩니다. 결국 옳고 그름을 판단하는 장수의 도덕적 품성이 계책을 세우는 바탕이 되는 것입니다.

둘째, 예(禮)가 부족해 유능한 인재를 등용해 쓰지 못하는 것입니다. 장수가 계책을 세우고 전술을 펼칠 때는 인재의 간언이 반드시 필요합니다. 역사적 위인들은 인재를 등용할 때 예로써 행했다고 전합니다. 강태공은 용병의 요체를 예라 일컬으며, 예로 대우하면 인재가 모일 것이라고 문왕에게 간했습니다. 장수든 군주든 자신을 도울 인재를 구할 때는 반드시 예로 행하라는 말입니다. 예가 부족해 유능한 인재를 등용할 수 없다면 전쟁의 결과는 결코 긍정적일 수 없습니다.

셋째, 정치력(政)이 부족해 형벌과 법률을 바르게 적용할 수 없는 것입니다. 정(政)이란 모든 정사를 다루는 데 필요한 갖가지 규칙과 법규를 의미합니다. 요임금에게 높은 덕망을 인정받아 보위에 오른 순임금은 누구보다 형법과 제도에 엄격한 사람이었습니다. 순임금의 신하였던 고요(皐陶) 역시 법을 수호하기 위해 군대를 조직했다고 전합니다. 《장원》의 〈근후〉에서도 전투에 패하고 군대를 잃는 것은 군대가 기율에 따르지 않았기 때문이라고 했습니다. 기율의 근본은 바로 상벌입니다. 상벌이란 귀천과 고하를 막론하고 누구에게나 공평해야 합니다. 그러므로 군대를 이끄는 장수는 형벌과 법률을 바르게 적용해 군사들의 원성을 사는 일이 없어야 합니다.

넷째, 재물(富)을 가지고 있어도 제대로 쓰지 못해 궁핍하거나 재난을 당한 사람들을 구제하지 못하는 것입니다. 부(富)는 집 안에 음식이 가득 차 있는 모습을 형상화한 글자입니다. 《사기(史記)》에서 "백성은 먹을 것을 하늘로 여긴다(民以食爲天)"라고 했습니다. 예나 지금이나 백성에게 가장 시급한 문제는 의식주입니다. 만약 장수가 재물을 제대로 관리하지 못해 군사들을 궁핍하게 하거나 어려운 일을 당한 백성을 구제하지 못한다면 어떻게 될까요. 배고프고 헐벗은 병사들에게 출전을 요구하기는 힘듭니다. 그러한 군대를 이끌고 전쟁에서 승리하기란 더더욱 힘들겠죠.

다섯째, 지혜(智)가 부족해 앞으로의 일을 대비할 수 없는 것입니다. 지혜는 시비를 가르고 선악을 분별하며 정사를 단정하는 데 가장 필요한 요소입니다. 지혜가 있으면 앞으로 생길 수 있는 미래를 예견해 대책을 마련하고 구체적인 계책을 세울 수 있습니다. 지혜가 없다면 계책을 세울 수 없고, 계책이 없다면 적에게 대응할 방안을 마련하지 못할 것입니다.

여섯째, 사려(慮)가 깊지 못해 빈틈이 생기는 것을 막아내지 못하는 것입니다. 《군참(軍讖)》에서는 "장수의 계책은 반드시 비밀스러워야 한다. 군사들은 모두 한마음이 되어야 하며, 적을 공격할 때는 신속히 움직여야 한다. 장수가 꾀하는 바가 밖으로 누설되지 않아야만 간사한 음모가 틈을 탈 여지가 생기지 않는다"라고 했습니다. 계책은 전쟁의 승패를 좌우합니다. 흥미로운 사실은 '빈틈'이라는 단어가 계책의 기밀 유지와 함께 운용 방식에 대한 경각심도 함께 일깨우고 있다는 점입니다. 계책 누설을 차단하는 것 못지않게 중요한 측면이 계책을 주도면밀하게 실행하는 일입니다. 여(慮)는 호랑이가 나타나지는 않을까 속 태우며 근심한다는 뜻입니다. 호랑이를 두려워하듯 세심하게 군사들의 신뢰를 살피되, 계책 그 자체와 실행 방법에도 빈틈이 없는지 꼼꼼히 점검해야 합니다. 빈틈이 생긴다는 것은 군사들 간에 굳건한 신뢰가 형성되지 않았음을 뜻합니다. 작은 빈틈은 기껏 세운 계책을 무용지물로 만들고 군대가 패할 수밖에 없는 요인으로 작용합니다. 또 군대 자체가 와해되는 직접적인 원인이 되기도 합니다.

일곱째, 지위가 높아졌는데도(達) 알고 있는 인재를 천거하지 않는 것입니다. 리더가 인재를 천거하지 않는 이유는 무엇일까요? 대표적으로 장수가 스스로를 완벽하다고 판단해 후속 인재의 필요성을 전혀 느끼지 못하는 경우와, 천거한 인재가 자신의 입지를 위협할까 봐 두려워하는 경우를 꼽을 수 있습니다. 원문에서 '지위가 높아졌음'을 고(高) 자가 아니라 달(達) 자로 표기하고 있다는 점에 유념할 필요가 있습니다. 달은 밑바닥에서 차근차근 밟고 올라가 높은 자리에 도달했음을 의미하는 한자입니다. 가장 낮은 위치에서부터 자신의 노력으로 장수가 된 사람이라면 웬만한 인재가 성에 찰 리 만무합니다. 자신에 대한 만족과 타인에 대한 불만족은 곧 교만함과 불신으로 이어지죠. 그러나 이것이 곧 장수를 독단에 가둬두는 행위임을 잊지 말아야 합니다.

높은 자리에 오를수록 몸을 굽히기란 쉽지 않습니다. 제갈량은 평소 궁신접수(躬身接水)의 태도로 인재를 대했다고 전합니다.

궁신접수란 아무리 보석 같은 찻잔이라도 차를 따르기 위해서는 주전자 위치보다 아래 두어야 한다는 뜻입니다. 값비싸고 귀한 찻잔이라고 해도 주전자보다 높이 쳐들면 차를 담을 수 없습니다. 리더가 현명하고 어진 인재를 얻기 위해서는 항상 자신을 낮춰 현자의 간언에 귀 기울이고 겸양을 실천해야 합니다.

끝으로 실패(敗)했을 때 원망과 비방을 피하지 못하는 것입니다. 군대는 전투에서 이기기도 하고 지기도 합니다. 비록 패배했다고 하더라도 실패 요인을 분석하고 조직을 정비해 재도약할 발판으로 삼을 수 있습니다. 그런데 실패했을 때 백성의 원망과 비방을 피하지 못한다는 것은 무슨 의미일까요. 그 결과가 다시는 일어서지 못할 정도로 돌이킬 수 없는 상황을 초래했음을 의미합니다. 또 한편으로, 장수에 대한 사람들의 신뢰가 바닥을 드러냈음을 말하죠. 장수가 재도전을 포기함으로써 실패를 한 것이 아니라 사람들이 '장수를 포기함으로써' 완전한 실패에 이르는 것입니다. 즉 패는 일곱 가지 허물의 결과로서 등장하는 최종 단계입니다. 그동안 장수가 쌓아온 관계 맺기 방식에 어떤 오류가 있었는지 드러내는 것이죠.

먼 곳을 내다보며 위기에 대비하라

———————

제 2 장

출정을 말하다: 출사(出師)

〈출사〉는 《장원》 가운데서 가장 드라마틱하면서도 풍부한 상징으로 가득 차 있는 글입니다. 상세한 묘사를 통해 의례(儀禮)의 구체성이 드러나고 있어서 마치 스펙터클한 영화를 보는 듯합니다. 그 자리에 있는 모든 사람들이 한마음 한뜻으로 '국가적인 위기 상황의 극복'이라는 한 가지 목적을 염원한다는 점에서 종교적 제의(祭儀)의 성격까지 띠고 있지요.

〈출사〉는 《장원》 전체 구조에서도 전환점이 되는 장입니다. 서술 방식에서 드러나는 독특함뿐만 아니라 리더십에 접근하는 차원에서도 다른 장과 구분됩니다. 이전 부분까지는 주로 리더의 유형과 자질을 강조하는 데 치중했다면, 이제부터는 조직의 운용 및 점검 등 좀 더 실질적인 측면을 소개합니다. 장수의 임명 절차와 출정 의례에 숨겨진 상징을 하나씩 풀어가다 보면 군주와 장수,

장수와 병사, 군주와 병사라는 세 변이 어떤 방식으로 연결되고 유지되었는지 알 수 있습니다. '나라가 위태롭거나 어려울 때'라는 비상사태가 전제되어 있기는 하지만, 그렇다 해도 고작 한 사람을 임명하는 데 이토록 정성스럽고도 거창한 의례를 치르는 까닭은 무엇일까요? 의식에 참여하거나 혹은 지켜보는 사람들에게는 과연 어떤 효과를 가져다주는 것일까요? 먼저 원문을 살펴보죠.

옛날에 나라가 위태롭거나 어려울 때 군주는 현명하고 유능한 인재를 뽑아 장수로 임명했다. 3일 동안 목욕재계한 군주가 종묘에 들어가 남쪽을 향해 서면 장수는 북쪽을 향해 선다. 태사(太師)가 군주에게 부월(斧鉞)을 진상하면 군주는 그 부월을 받아 장수에게 넘겨주면서 정식으로 임명한다. "장군은 지금부터 군대를 맡아 지휘하라." 그리고 다시 이렇게 명한다. "적이 허점을 드러내면 진격하고 빈틈이 없다면 퇴각하라. 그대의 신분이 높다고 남을 업신여기지 말며, 독선적인 태도를 고집해 무리를 떠나게 하지 말며, 공적과 능력을 자랑함으로써 충성과 신의를 잃지 말라. 병사들이 쉬지 않는데 먼저 쉬지 말고 병사들이 먹지 않는데 먼저 먹지 말라. 더위와 추위를 함께 견디고, 괴로움과 편안함을 함께하며, 즐거움과 고통을 함께 나누고, 위기와 환란을 함께 이겨내라. 이렇게 하면 병사들은 반드시 사력을 다할 것이며 적은 기필코 패망할 것이다."
장수는 군주의 명령을 받들고 성의 북쪽에 흉문(凶門)을 뚫어 군대를 이끌고 출정한다. 군주는 꿇어앉은 뒤 무릎걸음으로 수레를 따라가며 바퀴를 밀어 장수를 전송한다. "진격하고 퇴각하는 것은 오직 시기에 따라 결정해야 하니 군대와 관련된 일은 군주의 명령에 따를 필요 없이 전적으로 그대가 결정하라." 이로써 장수에게는 위로 하늘이 없고 아래로 땅도 없으며, 앞으로는 적도 없고 뒤로는 군주도 없게 된다. 그리하여 지혜로운 자는 온 힘을 다해 계책을 세울 수 있고, 용감한 자는 온 힘을 다해 싸울 수 있다. 그러므로 장수는 밖에서는 전승을 거두고 안에서는 공적을 이루어 후세에 이름을 떨치고 자손에게 복을 물려줄 수 있다.

장수의 선택과 임명, 그리고 출정에 이르기까지, 군주는 정성껏 예를 갖춘 의식을 주관합니다. 3일 동안 몸과 마음을 정화한 군주가 임명식을 진행하는 장소부터 예사롭지 않습니다. 종묘는 역대 제왕의 위패를 모셔놓은 곳으로 국가의 역사가 집약된 공간입니다. 종묘에서 임명식을 거행한다는 사실은 목하의 사안이 왕조의 운명이나 백성의 생사와 직결된 국가의 중대사임을 표방합니다. 바로 이곳에서 장수는 군주로부터 부월을 넘겨받습니다. 그때가 '후보'였던 장수가 비로소 '정식' 장수로 탈바꿈하는 순간이죠. 부월은 출정하는 대장에게 군주가 손수 내려주던 도끼 모양의 무기입니다. 군법과 생살권, 통솔권과 정벌, 국가와 군주의 권위 등을 상징합니다. 군주가 친히 부월의 머리를 잡고 손잡이를 장수에게 주었다가, 다시 부월의 손잡이를 잡고 장수에게 날을 내밉니다. 이는 장수가 부여받는 권한의 범위가 위로는 하늘에 이르고 아래로는 만경창파(萬頃蒼波)의 깊은 곳까지 도달함을 가리킵니다. 이로써 부월이 상징하는 모든 권한은 군주로부터 장수에게 넘어갑니다.

중국에서 수레바퀴라는 상징은 매우 심오하고 다층적인 의미를 갖습니다. 진시황이 대륙을 통일하고 난 후 도량형, 문자와 함께 통일했던 것 중 하나가 바로 양 수레바퀴의 간격이었습니다. 수레 폭이 다르니 각 지역마다 도로 폭이 다를 수밖에 없었고, 도로 폭이 다르니 이동이 용이하지 않았기 때문입니다. 진시황은 수레바퀴의 간격을 통일함으로써 통행의 번거로움을 해결했을 뿐만 아니라 전범이 될 만한 기준을 확립했던 셈입니다.

그렇다면 군주가 밀어주는 수레에는 어떤 의미가 담겨 있을까요. 《손자병법(孫子兵法)》〈모공(謀攻)〉 편에서는 '나라의 보(輔)'라는 말로 장수의 가치를 압축합니다. 이로써 장수의 역할과 함께 군주와 장수의 이상적인 관계에 대한 단서를 제공해줍니다. 흔히 '돕다'라는 의미로 대표되는 보(輔)는 수레(車)와 보(甫)가 결합한 글자입니다. 즉 장수는 군주를 돕는 보좌이지만 국가의 운명을 좌우할 수 있는 중추이며, 군주가 이를 충분히 인지하고 어떻게 활용하는가에 따라 국사(國史)의 향방이 결정될 수 있음을 역설합니다. 전장의 실상을 모르는 군주가 명령을 내리면 비록 잠시뿐일지라도 군대는 지체하게 됩니다. 그 잠시의 머뭇거림을 노린 적군이 기선을 잡기라도 한다면 설사 아군이 유리한 상황이더라도 전세가 역전될 가능성은 충분합니다. 그래서 군주는 정성을 다해 절차를 마련하고 예를 갖춘 의식을 치르면서 장수를 임명합니다. 그리고 군주의 무릎걸음이라는 최고의 하이라이트를 연출함으로써 출사 의식에 참석한 모든 구성원을 감동시킵니다.

군주가 친히, 게다가 무릎까지 꿇은 채 따라가며 바퀴를 밀어주는 이 황송한 의식의 핵심은 전선(戰線)에서의 모든 권한을 단한 사람에게 부여한다는 '전권의 위임'입니다. 이제 전투에 관한 모든 결정권은 장수 한 사람에게 주어졌으며, 전장에서는 장수의 영향력이 군주와 동등하다는 사실을 온 천하에 공표하는 것이죠. 군주는 "진격하고 퇴각하는 것은 오직 시기에 따라 결정해야 하니 군대와 관련된 일은 군주의 명령에 따를 필요 없이 전적으로 그대가 결정하라"라고 말합니다. 군주의 당부에서 '시기(時)'는 물리적인 시간뿐만 아니라 상황, 정세 등의 개념까지도 포함합니다. 전장에서는 무수한 변수가 존재하기 마련이고 장수가 판단하기에 따라 그만큼 다양한 대응과 공격이 필수적이기 때문입니다. 이처럼 한껏 예를 갖춘 군주의 선언으로 인해 장수는 모든 통제와 간섭, 명령으로부터 자유로워집니다. 모든 걸림돌이 제거되었기에 그 순간부터 마음껏 역량을 발휘할 수 있습니다. 화려한 의례의 주인공으로서 전권을 위임받은 장수에게는 국궁진력(鞠躬盡力)의 결심이 저절로 불타오를 것입니다. 권한과 함께 자동적으로 따라오는 부담감과 책임의 깊이를 충분히 통감하면서 말입니다.

리더십 이론에서 리더에게 요구되는 자질로 자주 언급하는 것이 명확한 비전 제시와 설득, 최고의 역량 발휘를 위한 독려, 그리고 프로세스 제공입니다. 출사 의식에서 군주는 자신이 찾아낸 장수가 병법에 능통한 전문가로서 당면 과제를 해결할 최적의 인재라는 사실을 장황한 의식을 통해 공고히 합니다. 모든 장애물을 제거하고 최고의 역량을 발휘할 초석을 닦아줌으로써 장수에게 스스로를 증명해 보일 기회를 주는 한편, 죽음마저 불사할 수 있는 결의를 이끌어냅니다. 군사들에게는 '공식적인 권위'가 부여되는 과정을 목도하게 함으로써 장수의 영향력을 체감하게 합니다. 무엇보다 중요한 사실은 이 의례를 통해 군주가 장수를 의심하지 않으며 장수 역시 두 마음을 먹지 않겠다는 '신뢰'가 자연스럽게 드러난다는 점입니다.

군주는 의례 주최자로서 국가적인 위기 극복이라는 명확한 목표를 제시한 뒤 조직원들을 결속시킵니다. 또 장수에게 스스로 리더임을 상기시켜 셀프리더십을 도출하고, 그에 필요한 토대를 제공함으로써 군주 자신은 '장수의 장수', 즉 슈퍼리더임을 입증합니다. 군사들에게는 팔로어로서 전적으로 장수를 믿고 따르라고 독려합니다. 이것이 군주-장수-병사 간의 유기적인 삼각구도 프로세스입니다.

언제나 '머리'로만 상징되던 군주가 수레의 바퀴인 '다리'가 될 수도 있음을 보여주는 차원에서, 군주의 리더십은 서번트 리더십과도 상통합니다. 리더가 갖추어야 할 필수 능력 중 하나는 얼마나 많은 사람을 자신이 추구하는 비전에 자발적으로 동참시키는가에 있습니다. 이런 측면에서 본다면, 군주가 행하는 이 한 번의 의례는 천 마디 웅변으로도 다할 수 없는 최고의 설득 기술이 아닐 수 없습니다. 〈출사〉는 상징적인 의례가 가장 구체적이고도 실질적인 설득이 될 수 있음을 반증합니다.

부대를 편성하다: 택재(擇材)

〈택재〉는 병사들 각각의 재능이 어디에 있는지 파악해서 장점을 살릴 수 있도록 부대를 편성하는 일의 중요성을 강조합니다. 하지만 각각의 부대는 한 치의 빈틈도 없는 완벽한 공격과 방어를 담당한다는 점에서 독립적인 개별 구성체이자 완전한 합일체이기도 합니다.

일반적으로 용인술의 핵심은 인재를 알아보고 적재적소에 배치하는 데 있다고 합니다. 인재의 선발과 활용이 제대로 이루어지기 위해서는 지위 고하를 막론하고 재능에 따라 사람을 쓴다는 원칙이 지켜져야만 하지요. 장수의 무공이 제아무리 출중해도 홀로 수많은 적과 맞서 싸울 수는 없고, 제아무리 수많은 군사가 있다고 해도 장수 없이 적과 대결할 수는 없습니다. 전장에서는 장수의 통솔력과 병사 개개인의 전투력이 공존해야 한다는 뜻입니다. 〈택재〉에서는 병사들의 특기와 무기의 성능을 고려해 여섯 종류의 부대 편성을 제안합니다.

부대의 편성은 다음과 같이 한다. 싸움을 좋아하고 전투를 즐겨서 혼자서도 강한 적을 물리칠 수 있는 병사들을 모아 편성한 부대를 보국(報國)부대라 한다. 기개가 전군을 압도하며 체력이 강하고 행동이 민첩한 병사들을 모아 편성한 부대를 돌진(突陣)부대라 한다. 발이 매우 빨라 질주하는 말처럼 달릴 수 있는 병사들을 모아 편성한 부대를 건기(搴旗)부대라 한다. 나는 듯이 말을 타고 활을 쏘면 맞히지 못하는 법이 없는 병사들을 모아 편성한 부대를 쟁봉(爭鋒)부대라 한다. 활을 쏘면 백발백중 명중시켜서 반드시 사살할 수 있는 병사들을 모아 편성한 부대를 비치(飛馳)부대라 한다. 쇠뇌를 쏘는 데 능해 원거리에서 쏘아도 반드시 명중시킬 수 있는 병사들을 모아 편성한 부대를 최봉(摧鋒)부대라 한다. 이처럼 병사들을 특기에 따라 여섯 부대로 나누고 각각 재능에 따라 쓸 줄 알아야 한다.

이 같은 부대 편성에 관한 이야기는 3대 병법서 중 하나인《오자병법(吳子兵法)》에도 자주 등장합니다. 오기(吳起)는 〈도국(圖國)〉편에서 다섯 종류의 부대를 편성하라고 제안했습니다. "첫째, 백성 가운데 담력이 세고 기백이 있는 자들을 모아 한 부대로 편성한다. 둘째, 기꺼이 전쟁터로 나아가 자신의 충성과 용맹을 보이려 하는 자들을 모아 한 부대로 편성한다. 셋째, 높은 담을 잘 뛰어넘고 발이 빨라 잘 달리는 자들을 모아 한 부대로 편성한다. 넷째, 관직에서 쫓겨났다가 다시 공명을 얻고자 하는 자들을 모아 한 부대로 편성한다. 다섯째, 지켜야 할 성을 버리고 도망간 죄를 씻고자 하는 자들을 모아 한 부대로 편성한다." 또한 〈요적(料敵)〉 편에서는 "어떤 부대에도 분명 호랑이처럼 용맹한 자가 있는가 하면, 힘이 뛰어나 무거운 세발솥을 가볍게 들어 올리는 자도 있고, 발걸음이 융마(戎馬)보다 빠른 자도 있고, 적의 깃발을 빼앗고 적장을 사로잡을 만한 자도 있기 마련이다"라고 했고, 〈치병(治兵)〉 편에서는 "키가 작으면 창을 들게 하고, 키가 크면 활과 쇠뇌를 들게 한다. 힘이 센 자에게는 깃발을 들게 하고 용감한 자에게는 징과 북을 들게 한다. 허약한 자에게는 나무를 하거나 밥 짓는 일을 시킨다. 지혜로운 자는 참모로 쓴다"라고 했습니다. 〈택재〉의 부대 편성법은 병사와 병기의 특징을 두루 고려했다는 점에서 오기의 편성법보다 더욱 세분화되어 있다고 볼 수 있습니다.

원문에서 말하는 내용을 들여다보죠. 먼저 보국부대는 전투 능력이 출중한 병사들로 구성된 최정예 부대입니다. 이름에서도 알 수 있듯 이들은 국가를 위해서라면 기꺼이 목숨을 바칠 수 있는 충성스러운 신하이자 한 나라의 군대를 대표할 만한 병사들입니다. 대규모 부대가 이동하기 어려울 때, 혹은 기습을 위한 소수 정예군이 필요할 때 투입됩니다. 보국부대에서 필요로 하는 인재는 기본적으로 출중한 무예 실력을 갖추고 있으면서, 호전적이며 위기 상황에 강한 사람입니다.

돌진부대는 전군을 압도할 만큼 기세가 강하고 힘이 장사 같은 병사들로 구성됩니다. 전투가 시작되자마자 재빠르게 적진으로 쳐들어가는 것이 주 임무입니다. 적진을 향해 우레 같은 함성을 내지르며 달려나간다면 적군은 그 기세에 놀라 움츠러들 것입니다. 큰 함성과 맹렬한 돌격은 위압감을 조성해 전장의 분위기를 주도할 수 있죠.

건기부대는 발걸음이 가볍고 빠른 병사들로 구성됩니다. 적진에 파고들어 깃발을 빼앗아 지휘 체계를 교란하는 것이 목표입니다. 병사들은 눈으로는 깃발을 보고 귀로는 징과 북의 소리를 들어 지휘에 따릅니다. 만약 깃발이 있어야 할 곳에 있지 않으면 대오가 쉽게 무너집니다. 지휘 체계가 흐트러지면 큰 힘을 들이지 않고도 상대를 무너뜨릴 수 있죠. 그러므로 전력을 아끼기 위해서는 건기부대의 활약이 무엇보다 중요합니다. 물론 상대의 깃발을 제거하는 것만큼 중요한 것이 아군의 깃발을 지키는 일입니다. 따라서 건기부대의 병사들은 기마병에 뒤처지지 않을 만큼 빠른 달리기 실력을 갖추어야 합니다.

쟁봉부대는 말을 타고 활을 쏘는 훈련을 받은 병사들로 구성됩니다. 쟁봉부대의 주 임무는 전장을 종횡무진 휘저으며 활을 쏘아 적진을 흐트러뜨리는 데 있습니다. 말의 기동력을 바탕으로 활의 사거리를 활용해 적군을 공격합니다. 빠른 속도로 진격과 후퇴를 반복할 수 있기 때문에 공격과 방어에 모두 뛰어납니다. 쟁봉부대는 돌진부대가 함성을 지르며 뛰어나가는 순간 지원사격을 해 공격력을 배가시키기도 하고, 건기부대가 임무를 수행하는 데 도움을 주기도 합니다. 달리는 말 위에서 활을 쏘는 쟁봉부대의 병사들에게는 기마 실력은 물론 고도의 균형감각 및 집중력이 요구됩니다.

　비치부대는 활을 쏘는 데 능한 명사수들로 구성됩니다. 비치부대의 목표는 타깃의 급소를 노려 단번에 숨통을 끊는 것입니다. 주요 표적은 적장을 포함한 적군의 주요 인사, 또는 깃발이나 징, 북을 담당하는 병사들입니다. 사방이 트인 곳에서 활을 쏜다면 적군의 시야에 노출되어 위험에 빠지기 쉽습니다. 따라서 전장의 지형을 파악해 재빨리 안전한 곳을 찾아 몸을 숨기거나 차폐물을 만들어 몸을 보호한 뒤 공격 준비를 해야 합니다. '빠르게 내달리다'라는 뜻의 비치라는 이름을 붙인 것은 바로 이 때문입니다.

　최봉부대는 장거리 공격용 무기인 쇠뇌를 다루는 데 능한 병사들로 구성됩니다. 쇠뇌는 활과 원리가 같지만 방아쇠로 화살을 발사하기 때문에 사정거리가 더 길고 속도가 빠르죠. 손뿐만 아니라 발을 사용해 현을 당길 수도 있어서 목표물을 뚫는 힘이 활보다 훨씬 강력합니다. 쇠뇌의 장점을 충분히 활용하면 적군의 기마병이 쏘는 활의 사정거리 밖에서 선제공격을 할 수 있습니다. 제갈량이 개발했다고 전해지는 원융(元戎)도 쇠뇌의 일종입니다. 위나라의 강력한 기병에 맞서기 위해 기존 연노(連弩)를 개량해 열 개의 철제 화살을 동시에 발사할 수 있는 원융을 고안했다고 합니다. 쇠뇌는 매우 위협적인 살상무기입니다. 적진을 깨부수는 데 효과적이어서 '적군의 예봉을 꺾는다'라는 의미의 최봉이라는 이름을 붙였습니다.

　〈택재〉에서 제시한 군 편제는 적은 인원으로 최대 효과를 얻기 위해 무기의 성능과 장점을 고려해 반영한 것입니다. 청나라 학자 위원(魏源)은 "사람의 단점 가운데서 장점을 찾아내지 못하고 장점 가운데서 단점을 알아보지 못한다면, 사람을 임용하는 자리에 있어서는 안 된다. 또한 사람을 가르치는 자리에 있어서도 안 된다"라고 했습니다. 즉, 훌륭한 리더는 단점으로 보이는 것에서 장점을 찾아내고, 장점으로 보이는 것에 감춰진 단점을 찾아낼 수 있어야 한다는 말입니다. 주변에 인재가 없다고 탓하는 리더는 자격 미달이라고 할 수밖에 없습니다. 황석공은 《소서(素書)》에서 "지혜로운 자의 지혜를, 용기 있는 자의 용기를, 탐욕스러운 자의 탐욕을, 어리석은 자의 어리석음을 활용해라. 지혜로운 자는 공을 세우길 즐기고, 용기 있는 자는 자신의 뜻을 행하길 좋아하고, 탐욕스러운 자는 반드시 이익을 취하며, 어리석은 자는 죽기를 마다하지 않는다. 각자의 성정에 따라 사람을 쓰는 것이 바로 용병의 기묘한 권도(權度)이다"라고 했습니다.

사람이나 물건을 쓸 때 관건은 그 쓰임이 다하도록 하는 데 있습니다. 은나라의 재상이었던 이윤이 토목공사를 벌일 때는 척추가 튼튼한 사람에게 흙을 짊어지게 하고, 외눈인 사람에게 수레를 밀게 했으며, 등이 굽은 사람에게 길을 닦게 했다고 합니다. 각자가 자기 재능과 성향에 맞는 일을 맡으면 보람을 느끼게 됩니다. 리더가 이 점을 깨닫지 못하고 활을 잘 쏘는 병사에게 밥을 짓게 하거나, 겁이 많은 병사에게 정찰 업무를 맡기는 실수를 저질러서는 안 됩니다. 사람의 능력이 용도에 맞지 않게 사용된다면 원래의 장점이 퇴색해 아무 쓸모가 없게 됩니다. 훌륭한 리더는 뛰어난 인재개발자이자 인사관리자여야 한다는 말은 조직을 이끄는데 인적 자원 관리가 그만큼 중요하다는 사실을 강조합니다.

지혜를 발휘하다: 지용(智用)

〈지용〉은 '장수가 되려는 사람의 도리'로 시작하는 두 번째 글로서, 장수라는 직책에 필요한 활용 능력을 직접적으로 설명하고 있습니다. 좋은 리더십은 뚜렷하고 바람직한 비전과 투명하고 효율적인 프로세스에 기반을 둡니다. 어떤 리더의 비전과 프로세스가 타당한지 증명하는 수단은 결국 그가 일궈낸 성과입니다. 그런 의미에서, 성과는 리더십의 본질이라고 할 수 있죠. 장수의 성과는 전쟁터에서의 승패로 확인됩니다. 승패를 결정짓는 능력이야말로 장수라는 직책에서 가장 핵심적인 부분입니다.

장수는 어떻게 전장에서 승리를 거둘 수 있을까요? 〈지용〉에서는 하늘의 이치에 따르고, 주어진 때에 발맞추며, 사람에 의지하는 것을 승리의 세 가지 요인으로 지목합니다.

장수의 도리란 하늘의 이치(天)를 따르고 주어진 때(時)에 발맞추며 사람(人)에 의지해 승리를 취하는 데 있다. 하늘의 이치에 따라 움직였지만 때가 허락하지 않는데 사람이 일을 이루고자 하는 것을 역시(逆時)라고 한다. 때가 허락했더라도 하늘의 이치에 따르지 않으면서 사람이 일을 이루려고 하는 것을 역천(逆天)이라 한다. 하늘의 이치를 따르는 일이고 때가 허락했는데도 사람이 이루고자 하지 않는 것을 역인(逆人)이라 한다. 지혜로운 이는 하늘의 이치를 거스르지 않고 또한 때를 거스르지 않으며 사람을 거스르지도 않는다.

물론 이것이 《장원》만의 독창적인 견해는 아닙니다. 하늘과 사람과 땅, 즉 삼재(三才)는 세상 만물을 구성하는 핵심적인 요소로서 동양철학의 근간입니다. 이 세 가지 요소는 우주론에서도 중요하고 정치학에서도 중요할 뿐 아니라, 병법에서도 그에 못지않게 중요하죠. 세계 3대 병법서 가운데 하나로 손꼽히는 《손자병법》에서도 이 세 가지를 장악하지 못하면 승리를 거두더라도 결국 재앙을 입을 것이라고 경고했습니다.

삼재 가운데 사람의 '인의'를 강조하는 유가, 특히 《맹자》〈공손추(公孫丑)〉 하편에서는 아예 "천시(天時)는 지리(地利)만 못하고 지리는 인화(人和)만 못하다"라고 단언했습니다. 그러나 〈지용〉에는 '지리'에 대한 내용은 보이지 않고 도리어 '천시'를 '하늘의 이치'와 '주어진 때'로 나누어 상세히 설명합니다. 아마도 뒷부분의 〈편리〉〈지세〉〈전도〉 등에서 지리를 세분해서 논하기 때문일 것입니다. 〈지용〉에서 요구하는 장수의 지혜란 바로 '타이밍'을 장악하는 능력에 집중되어 있다고 해도 과언이 아닙니다.

원문에서는 리더가 놓치지 말아야 할 세 가지 타이밍을 이야기합니다. 흔히 "리더십은 타이밍의 예술"이라고 합니다. 바람직한 비전이나 효율적인 프로세스가 중요하다고 해도 승패를 좌우하는 가장 결정적인 요소는 타이밍입니다. 가시적으로 확인되는 조직의 운명은 리더가 어떤 행동을 착수하겠다는 판단을 언제 내리는가에 달려 있습니다. 하늘의 이치와 주어진 때, 사람(또는 사람의 의지) 가운데 가장 먼저 '주어진 때'를 강조하는 것도 그 때문입니다.

좀 더 자세히 들여다볼까요. 첫째, 승리를 위해서는 '주어진 때를 거스르면(逆時)' 안 됩니다. 하늘의 이치와 사람의 의지가 확보되었더라도 주어진 때가 아니라면 성과를 내기 쉽지 않다는 점은 분명합니다. 모든 일에는 때가 있습니다. 때를 놓친다면, 가장 적은 노력으로 가장 큰 성과를 거둘 기회를 버리는 격이 아닐 수 없습니다.

둘째, 승리를 위해서는 '하늘의 이치를 거스르면(逆天)' 안 됩니다. 일을 이루려는 사람들의 의지가 있고 때가 이르렀더라도, 그 일이 하늘의 이치에 벗어난다면 결코 좋은 성과를 거둘 수 없습니다. 하늘의 이치란 결국 자연의 섭리죠. 사람의 일도 크게 보면 자연의 섭리에서 벗어나지 않습니다. 자연의 섭리를 거스르면서 성과를 거두는 것은 결코 쉽지 않습니다. 설사 일정한 효과를 거두었다 하더라도 그 성과를 오래 유지하기는 어렵습니다. 자연의 섭리를 거스르다 오히려 큰 반작용으로 곤혹을 겪을 수도 있습니다. 인간의 이성이 자연의 섭리를 완전히 파악하고 주재할 수 있다는 순진한 오만이 결국 도저히 감당할 수 없는 엄청난 재해로 돌아오는 사례는 역사를 통해 얼마든지 확인됩니다.

셋째, 승리를 위해서는 '사람을 거스르면(逆人)' 안 됩니다. 사람을 거스른다는 말은 두 가지 측면에서 이해할 수 있습니다. 하나는 원문의 표면에서 읽히는 대로 의지가 없어 하늘의 이치와 주어진 때에도 불구하고 이 모두를 '사람들이 거스르는 것'입니다. 다른 하나는 장수가 그 '사람들의 의지를 거스르는 것'입니다.

자연의 섭리에도 부합하고 적절한 때가 주어졌는데도 사람이 움직이지 않는다면 아예 일을 도모할 수 없습니다. 이런 경우 장수의 리더십은 승패를 떠나 실패한 것으로 보아야 합니다. 사람들의 의지가 있지만 장수가 이를 제대로 이끌지 못해 한 방향으로 나아갈 수 없는 경우에도 그 리더십은 실패한 것입니다. 맹자의 말처럼 사람의 힘을 모으는 일이 하늘의 이치나 땅의 형세를 파악하고 이용하는 일보다 우선입니다. 궁극적으로 일을 하거나 하지 않는 것은 사람의 의지에 달려 있습니다. 주어진 때를 놓친다면 최소의 희생으로 최대의 효과를 거둘 수 없고, 하늘의 이치를 거스른다면 승리를 거두고 업적을 쌓더라도 그 성과를 유지하지 못하고 쇠퇴할 수밖에 없습니다. 또 사람이 의지를 세우지 않거나 리더가 사람들의 의지를 거스르는 행동을 한다면 아예 성과를 거둘 수조차 없을 것입니다.

싸우지 않고도 이기는 법: 부진(不陳)

〈출사〉에서 〈부진〉에 이르는 네 편의 글은 모두 출정하는 군대와 직접적으로 관련된 내용을 다룹니다. 그 네 편의 말미에 '진을 펴지 않는다'라는 뜻으로 해석되는 〈부진〉이 위치한다는 사실이 흥미롭습니다. 진을 펴는 행위는 전쟁 중이라는 사실을 확인시켜 줍니다. 포진은 고대 중국에서 전투의 기본이었습니다. 진을 펴지 않는다는 것은 곧 전투를 벌이지 않는다는 뜻입니다. 그러나 이 글은 '싸우지 않는 법'이 아니라 '이기는 법'에 대한 것입니다. 정확하게 말하자면, 이 글에서는 '싸우지 않고도 이기는 법'을 이야기합니다.

싸우지 않고 이기기 위해서 가장 먼저 필요한 것은 나라를 잘 다스리는 일입니다. 나라 안의 사람들이 자신이 사는 곳에서 편안히 거할 뿐 아니라 자신이 하는 일을 즐겨 행하며, 삶에서 해결하지 못할 어떤 문제도 맞닥뜨리지 않는 것입니다.

예로부터 잘 다스리는 사람은 군대에만 의지하지 않았고, 군대를 잘 이끄는 사람은 군진을 펴는 데만 치중하지 않았다. 군진을 잘 펴는 사람은 굳이 전투를 벌이지 않았고, 전투에 능한 사람은 싸움에 패하지 않았으며, 싸움에서 패하는 법을 아는 사람은 설사 패하더라도 나라가 멸망하는 지경에 이르게 하지 않았다.

옛날에 성인이 잘 다스릴 때는 백성이 자신이 사는 곳에 편안히 거하고 자신의 업을 즐기며 늙을 때까지 전쟁을 겪는 일이 없었다. 그래서 잘 다스리는 사람은 군대에만 의지하지 않았다고 한 것이다. 순임금은 형법과 제도를 정비했고 고요는 법을 수호하기 위해 군대를 조직했다. 그러나 사람들이 법령을 어지럽히는 일이 없었고 제정한 형법이 제대로 지켜지지 않는 일도 없었다. 그래서 군대를 잘 이끄는 사람은 군진을 펴는 데 치중하지 않았다고 한 것이다. 우임금은 묘민(苗民)을 정벌했지만 실제 전투를 벌인 것이 아니라 간우(干羽)를 춤으로써 묘민을 감화시켜 스스로 항복하도록 만들었다. 그래서 군진을 잘 펴는 사람은 굳이 전투를 벌이지 않는다고 한 것이다. 제환공은 남쪽으로는 강한 초나라를 정복했고 북쪽으로는 산융(山戎)을 정복했다. 그래서 전투에 능한 사람은 싸움에 패하지 않았다고 한 것이다. 초소왕은 화를 입었지만 진나라로 도망쳐 구원병을 청했고 마침내 자신의 나라로 돌아올 수 있었다. 그래서 싸움에서 패하는 법을 아는 사람은 나라가 멸망하는 지경에 이르게 하지 않았다고 한 것이다.

요임금이 세상을 다스리던 때 사람들은 누가 정치를 하고 있는지 전혀 알지 못했다고 합니다. 그런데도 모두 절기에 맞춰 밭을 갈고 씨를 뿌리고 김을 매고 곡식을 길러 추수를 했습니다. 어떤 노인은 밭두렁에 앉아서 작대기로 땅을 두드리며 이런 노래를 지어 불렀습니다. "해가 뜨면 농사를 짓고 해가 지면 쉰다네. 우물을 파서 마시고 밭을 갈아 먹으니, 임금의 힘이 내게 무슨 소용이

랴!" 농사는 천하의 큰 근본이라고 했습니다. 사람이 먹고 마시며 살아가는 문제를 해결해주기 때문입니다.

한 나라의 통치자가 할 수 있는 가장 큰 일은 이러한 일상을 보호해 백성에게 다른 문제가 생기지 않도록 살피는 것입니다. 즉 일상을 깨뜨리는 비상사태가 발생하지 않도록 보호하는 일이 곧 군주와 장수의 첫 번째 소임이라 할 수 있습니다. 이와 같은 태평성대가 이어질 때는 군주가 장수에게 절대 권력을 위임하며 군대를 출정시킬 필요가 없습니다. "잘 다스리는 사람은 군대에만 의지하지 않았다"라고 말한 것은 바로 이 때문입니다.

순임금 또한 요임금처럼 나라를 잘 다스렸다고 합니다. 그러나 나라의 규모가 확대되고 체계가 복잡해지면서 법률과 제도가 필요해졌습니다. 법률과 제도를 유지하기 위해서는 공권력이 요구되었고, 이에 따라 자연스럽게 상설 군대가 출현했습니다. 원래 군대는 외적의 침입을 막기 위한 것으로, 외적이 없는 한 군대는 필요하지 않았습니다. 그러나 법률과 제도를 정비한 뒤에는 이를 유지하기 위한 군대의 힘이 필요해졌습니다. 밖으로부터의 침입뿐 아니라 안의 질서가 어지럽혀지는 문제도 미연에 방지해야 했기 때문입니다. 그러나 이때 군대는 국가 공권력의 상징이었을 뿐 실제로 전투를 벌이는 데 목적을 두지는 않았습니다. "군대를 잘 이끄는 사람은 군진을 펴는 데 치중하지 않았다"라고 한 것은 이 때문입니다.

남방의 묘민들이 국경을 침범하자 우임금은 군대를 일으켜 이들을 정벌하고자 했습니다. 그러나 그는 군대를 이끌고 먼저 공격하는 대신 압도적인 군진을 펼침으로써 묘민들이 스스로 항복하도록 만들었습니다. 완벽하게 군진을 펼친 뒤에는 순임금이 만들었다는 간우(干羽)를 추었습니다. 그 춤을 보자 태평성대의 풍요로운 삶을 선망한 묘민들이 감동을 받고 귀순해 왔다고 합니다.

인간의 모든 행위는 궁극적으로 더 나은 삶을 위한 것입니다. 역설적이지만 전쟁 또한 더 나은 삶을 성취하기 위해 선택되는 방식이죠. 다만 상당한 비용을 감수해야 하는 비효율적인 방식일 따름입니다. 묘민들이 중원 국가의 법률과 제도를 거부하고 저항한 것은 그와 같은 문명이 자신들의 삶을 더 나은 것으로 만들 수 없다고 판단했거나 더 나쁘게 만들 것이라고 예측했기 때문입니다. 그러나 우임금의 군대가 완벽하게 진을 펼친 뒤 춘 간우는 묘민들에게 그들의 판단과 예측이 틀렸다는 것을 보여주었습니다. 저항보다 복종이 더 나은 삶을 보장한다는 사실을 스스로 납득하게 만들었던 셈입니다.

군진을 잘 펴는 장수의 군대는 압도적인 위세를 자랑합니다. 싸우기보다 항복하는 편이 더 이롭다는 판단을 자연스럽게 유도할 수 있습니다. 그러므로 "군진을 잘 펴는 장수는 실제로 전투를 벌이지 않고도" 승리를 거둘 수 있습니다.

전투에 뛰어난 장수는 제아무리 강한 상대를 만나더라도, 그 어떤 불리한 조건과 맞닥뜨리더라도 결코 물러서지 않고 싸워 결국에는 승리를 이끌어냅니다. 진격을 하든 퇴각을 하든, 기마전을 펼치든 육박전을 펼치든, 승리는 언제나 그가 이끄는 군대의 몫입니다. "전투에 능한 장수의 군대는 패하지 않는다"라고 한 것은 그 때문입니다.

전장에서 이기고 지는 것은 순간의 일이기에 병법에서는 이를 일상다반사로 여깁니다. "이기고 지는 것은 전장에서 늘 있는 일이다(勝負兵家之常事)"라는 말은 그래서 나왔습니다. 아무리 뛰어난 장수가 이끄는 군대라 할지라도 하늘이 돕지 않고 땅이 돕지 않으면 불리한 상황에 처하기 마련이죠. 때로는 사람의 힘이 불리함을 이기지만, 때로는 그 불리함이 사람의 힘을 압도합니다. 문제는 한 번의 전투에서 패하는 것이 아니라, 모든 전투에서 거듭 패하는 것입니다. 뛰어난 장수는 전투에서 잘 싸워 이길 뿐 아니라, 패하는 상황에서도 완전히 망하는 지경에 이르게 하지 않습니다. 진격을 할 때도 퇴각하는 때와 장소를 미리 안배하기 때문에, 최악의 상황에서도 최소의 희생으로 사람들의 생명을 지켜냅니다. 싸움에서 패하는 법을 아는 것은 그래서 중요합니다. "싸움에서 패하는 법을 아는 사람은 나라가 멸망하는 지경에 이르게 하지 않았다"라고 한 것은 이 때문입니다.

사람들은 대부분의 경우 '싸워서 이긴다'라는 말에서 전투를 떠올립니다. 그러나 〈부진〉에서는 실제로 전장에 나서서 적과 맞서 싸우는 일이 전쟁의 극히 작은 부분에 불과하다는 점을 강조합니다. 장수가 군대를 이끌어 전장에 나서는 것은 아마도 한 나라의 '더 나은 삶'을 위해 할 수 있는 모든 행위 가운데 가장 비용이 많이 들고 성과가 적은 선택에 해당할 것입니다. 싸움이 벌어진다면 물론 이겨야 합니다. 이기지 못하더라도 사람들의 생명과 재산이 위협받는 지경에 이르게 해서는 안 됩니다. 그러나 그보다 더 중요한 일은 그 어떠한 외부의 위협도 막아내며, 어떠한 내부의 혼란도 진정시킬 수 있는 정치, 경제, 사회, 문화의 기초를 다지는 것입니다.

모범을 세우다: 장계(將誡)

〈장계〉는 가장 이상적인 장수의 표본을 대외적인 측면과 대내적인 측면으로 나누어 제시하고 있습니다. 대외적인 측면으로는 군대를 통솔할 때, 적을 대할 때, 아군을 대할 때로 각각 구분해 제시했고, 대내적인 측면으로는 장수 스스로 반드시 지켜야 할 바와 금해야 할 바에 관한 원칙을 제시해 장수 자신을 통제하도록 했습니다. 그리고 이 모든 표본 가운데 가장 중요한 것은 바로 영웅의 마음을 사로잡는 일입니다.

《상서(尙書)》에 이런 말이 있다. "군자를 허물없이 여겨 예의를 지키지 않으면 군자가 마음을 다하지 않게 되고, 소인을 허물없이 여겨 예의를 지키지 않으면 소인이 힘을 다하지 않게 된다." 그러므로 군 통솔의 핵심은 모름지기 영웅들의 마음을 사로잡는 데 있다. 상벌의 원칙을 엄격히 하고 문무의 이치를 아우르며 강유(剛柔)의 방법을 적절히 운용해야 한다. 예악(禮樂)을 즐기며 시서(詩書)에 힘쓰고 인의를 중시한 후에 지모와 용기를 살펴야 한다.

"군자를 허물없이 여겨 예의를 지키지 않으면 군자가 마음을 다하지 않게 되고, 소인을 허물없이 여겨 예의를 지키지 않으면 소인이 힘을 다하지 않게 된다"라는 말은 《상서》〈여오(旅獒)〉에서 인용되었습니다.

주나라가 상나라를 이겼다는 소식을 듣고 서려(西旅)의 이민족들이 주에 오(獒)라는 개를 공물로 바쳤습니다. 오는 키가 4척이나 되며 사람의 말귀를 잘 알아듣는 맹견이었다고 합니다. 이때 태보(太保)는 무왕에게 시를 지어 사람의 마음을 현혹하는 공물은 임금의 덕과 뜻을 잃게 해 나랏일을 어지럽힐 수 있으니 오를 받지 말라고 간했습니다. 인재를 얻고 영웅을 얻기 위해서는 본보기가 되지 못할 일을 삼가고 경계해야 함을 말한 것입니다.

그렇다면 〈장계〉에서 제시한 영웅을 얻는 방법이란 무엇일까요. 영웅을 얻기 위해서는 먼저 영웅의 마음을 사로잡아야 합니다. 영웅의 마음을 얻기 위해 제시한 다섯 가지 기본 원칙은 '상벌 원칙' '문무의 이치' '강유(剛柔)의 조절' '예악시서(禮樂詩書)' '인의지용(仁義智勇)'입니다. 상과 벌, 문과 무, 강과 유, 예와 악, 시와 서, 인과 의, 지와 용은 각각 서로 상충하는 개념처럼 보이지만 반드시 조화를 이루어야만 완전해지는 상보적인 관계입니다. 잘하면 상을 주고 잘못하면 벌을 주는 것은 매우 간단한 도리이고 반드시 지켜야 하는 원칙처럼 인식됩니다. 하지만 상벌의 규율을 엄히 정하고 영웅에게든 사졸에게든 공평히 적용한다는 것은 쉽지 않습니다. 그래서 한비자는 상벌이 엄격하고 분명한 나라는 어떤 일도 할 수 있다고 했습니다. 문무는 문관과 무관, 문식(文識)과 무략(武略)을 아무르는 말로, 무(武)를 씨실로 삼고 문(文)을 날실로 삼듯 위무경문(緯武經文)해 문무를 겸비하고 있음을 뜻합니다.

장비는 후한 말 전쟁에서 뛰어난 용맹을 떨친 촉나라 무장입니다. 《삼국지연의》에서는 포악하고 괴팍하며 힘만 센 장수로 묘사되고 있지만, 정사(正史)인 《삼국지》에서는 시와 문에 능통하고 책략에 밝았다고 묘사됩니다. 장수는 '강'과 '유'를 적절히 운용해야 합니다. 나아가고 물러남, 세고 약함, 양과 음, 움직이고 멈춤 등 강유의 조절은 전투에서도 인간관계에서도 예외 없이 진리로 작용합니다. 장수가 예악(禮樂)을 즐기고 시서(詩書)에 힘써야 한다고 말한 것도 문과 무, 강과 유가 조화를 이루는 것과 같은 이치에서 비롯했습니다.

공자는 "공손함에 예가 없으면 피곤이 되고, 신중함에 예가 없으면 두려움이 되며, 용기에 예가 없으면 난폭함이 되고, 정직에 예가 없으면 각박함이 된다"라고 했습니다. 공손함과 신중함과 용기와 정직도 예를 통해 균형을 잡아야 함을 강조한 것입니다. 예란 때와 장소, 행하는 대상에 따라 구별되는 인간의 방식이요, 악이란 음의 조화로 심신을 편안하게 하고 아울러 사람의 마음까지

교화하는 예술의 극치입니다. 그러므로 예악이야말로 조화의 결정체라 할 수 있습니다.

　운율과 형식을 갖추어야 하는 시(詩)와 형식이 다양하고 자유로운 서(書)도 대비와 조화의 방식을 취하고 있습니다. 예형(禰衡)은 《삼국지》에서 독설가로 묘사되고 있습니다. 조조에게 부름을 받은 뒤에도 그에게 독설을 서슴지 않았습니다. 한번은 조조에게 "그대가 어진 것과 어리석음을 구별하지 못하니 눈이 탁한 것이고, 시서를 읽지 않으니 입이 탁한 것이다. 충언을 받아들이지 못하니 귀가 탁하고, 고금에 통달하지 않았으니 몸이 탁한 것이며, 제후를 용납하지 않으니 뱃속이 탁한 것이다. 항상 반역을 품으니 이는 마음이 탁한 것이다"라고 했습니다. 예형에 따르면 조조는 시서를 읽지 않았으니, 진정한 영웅도 표본이 될 만한 장수도 아닌 셈입니다. 인(仁)이란 어진 마음이요 자비를 뜻하고, 의(義)란 옳은 것이요 어긋남 없이 행하는 것입니다. 맹자는 인이 사람의 마음이고, 의가 사람의 길이라고 설명했습니다. 이상적인 덕은 사람의 마음속 깊은 곳에서 우러나오는 진실을 길이라는 질서 위에서 행위로 드러내야 완전해지는 것이며, 또한 인의는 지혜와 용기보다 중요하고 이에 앞서 살펴봐야 한다고 강조하고 있습니다. 인의를 중시한 뒤에는 지모와 용기를 살펴야 합니다. 용맹하되 무모해서는 안 되며 지혜롭되 비겁해서도 안 됩니다. 이 모든 것을 이룬 자라야 영웅의 마음을 사로잡을 수 있습니다.

멈춰 있을 때는 물 속 깊이 가라앉은 물고기와 같아야 하고, 움직일 때는 튀어 오르는 수달과 같아야 한다. 적군 사이의 연대를 끊고 적의 예봉을 꺾는다. 깃발을 휘둘러 위세를 떨치고 쇠북을 울려 아군을 단속한다. 퇴각할 때는 산이 움직이듯 하고 진격할 때는 비바람이 몰아치듯 하며, 공격할 때는 산을 무너뜨리듯 적군의 기세를 꺾고 전투를 벌일 때는 호랑이처럼 적군에 맞서야 한다.

적군을 압박하는 한편으로 살 길을 터주고 적군에게 유리하게 보이도록 꾸며 유인해낸다. 적진을 어지럽혀 우세를 점하고 나를 낮추어 상대를 자만하게 만든다. 적이 단결되어 있으면 사이를 갈라놓고 적이 강하면 약점을 드러내도록 만든다. 위태로운 이는 안정시키고 두려워하는 이는 마음을 풀어주어 기꺼이 따르도록 해야 한다. 반발하는 이는 품어주고 억울한 이는 사정을 털어놓게 한다. 강한 이는 억제시키고, 약한 이는 도와주며, 지모가 뛰어난 이는 가까이하고, 삿된 말로 참소하는 이는 덮어버리며, 전리품을 얻은 이가 있다면 그 사람에게 준다.

한편 장수가 군대를 통솔할 때 가장 모범이 될 만한 표본은 다음과 같습니다. 군대가 움직이지 않고 멈춰 있거나 쉬고 있을 때는 마치 물속 깊이 가라앉은 물고기처럼 숨죽인 채 잠잠히 있어야 적군이 아군의 동정을 살피지 못합니다. 아군의 동향을 살필 수 없는 적군은 전쟁에 쓸 계책을 찾지 못해 애가 탈 것입니다. 그러나 군대가 일단 움직이기 시작하면 먹이를 향해 물 밖으로 튀어

오르는 수달과 같이 깃발을 휘둘러 위세를 떨치고 쇠북을 울려 아군을 호령하며 적을 향해 내달려야 합니다. 수달은 평소에 기절한 듯 꿈쩍도 않고 있다가 먹이를 발견하면 재빠르게 날아올라 매섭게 먹이를 낚아챕니다. 공격할 때는 수달처럼 최대한 빠르고 정확해야 하며, 퇴각할 때는 산이 움직이듯 흐트러지지 않고 일사불란하게 움직여야 합니다. 퇴각할지언정 군의 위세가 산같이 단단하고 빈틈을 보이지 않도록 대오가 정렬되어 있어야만 적이 쉽사리 치고 들어올 수 없습니다. 진격할 때는 비바람이 몰아치듯 세차고 산을 무너뜨리듯 맹렬하게 추격해 적군의 기세를 꺾고, 전투를 벌일 때는 호랑이처럼 용맹하게 적군에게 맞서야 합니다.

전쟁에서 이기는 가장 좋은 방법은 〈부진〉에서도 언급한 것처럼 싸우지 않고도 이기는 것입니다. 하지만 일단 싸움이 시작되면 반드시 싸워서 이겨야 합니다. 이기기 위해서는 필요와 상황에 따라서 속임수도 마다하지 않아야 합니다. 적군을 대할 때는 밀어붙이듯 압박하다가 한편으로 살 길을 내주어 적의 숨통을 틔워주듯 쥐락펴락합니다. 쥐도 궁지에 몰리면 고양이를 무는 법입니다. 적당히 살 길을 내주어 방심하게 하거나 적에게 유리한 것처럼 꾸며 유인할 줄도 알아야 합니다. 적진을 어지럽혀 적을 사로잡고 나를 낮춰 상대가 방심하게 만듭니다.

군사력이 비등한 적일수록 지혜로 물리쳐야 합니다. 아군의 허점을 일부러 드러내 적이 먼저 움직이도록 해 승세를 거머쥐어야 합니다. 적이 서로 끈끈하게 단결되어 있으면 이간질을 해서라도 서로 의심하게 만들어야 합니다. 아무리 강한 적이라도 약점이 있기 마련입니다. 적이 가장 취약한 점을 스스로 드러내고 자신들의 약점에 지레 겁먹고 절망하도록 만드는 것도 전장의 지혜 중 하나입니다.

장수는 군대의 수장입니다. 따라서 병사들이 진정으로 믿고 의지할 수 있는 가장 이상적인 모습으로 아군을 대해야 합니다. 그러한 표본을 세우기 위해서는 전투에서뿐 아니라 군 생활 전반에 걸쳐 장수의 세심함과 배려가 드러나야 합니다. 일상의 생활이 전투에까지 이어지기 때문입니다. 위험에 처한 병사가 있다면 그를 반드시 구하러 갈 것임을 확신시키고, 싸움을 두려워하거나 겁을 먹은 병사의 마음을 달래줄 뿐 아니라 병사 스스로 기꺼이 장수를 따르도록 독려해야 합니다. 반발하거나 반대하는 자는 포용해서 문제를 해결하고, 원망하는 이가 있다면 속을 털어놓게 해서 그의 억울함을 헤아리며, 지나치게 강하거나 혈기를 부리는 병사는 자제시킵니다. 심리적으로나 체력적으로 약한 이에게는 용기를 북돋아주고, 지혜와 모략이 뛰어난 이를 가까이 두어 간언을 듣습니다. 삿된 말로 참소하는 이가 있다면 다시는 참언을 일삼지 못하도록 경계하고 소문을 잠잠히 덮어버리며, 재물을 얻은 이가 있다면 빼앗지 말고 얻은 자에게 주어야 합니다.

장수로서 병사를 거느리고 약자를 공격하는 일이 없도록 해야 하며 군대의 수를 믿고 적을 얕보는 일이 없도록 해야 한다. 재주를 과신해서 교만하게 굴지 않으며 총애를 받는다고 위세를 떨지 않는다. 먼저 계획을 세운 뒤에 움직이며 이길 것을 알고 나서야 전투에 임한다. 적의 재화를 얻어도 자신의 소유로 삼지 않으며 적의 가족을 포로로 잡아도 마음대로 부리지 않는다. 장수가 이와 같이 할 수 있고 군대의 명령체계가 갖춰지면 병사들이 싸우고자 할 것이며 창칼이 난무하는 전장에서도 기꺼이 죽음을 불사할 것이다.

장수가 군대를 이끌 때 혹은 적군이나 아군을 대할 때만 표준이 필요한 것은 아닙니다. 무엇보다 장수 스스로가 다짐하고 새겨둘 만한 장수 자신의 표본과 기준이 있어야 합니다. 원문에서는 장수 된 자는 사사로이 병사들을 거느리고 힘으로 약자를 공격해서는 안 된다고 경고합니다. 군대의 수만 믿고 적을 얕보는 일도 없어야 합니다. 재주를 과신해서 오만해지거나 군주의 총애를 받는다고 거만해져서도 안 됩니다. 먼저 계책을 세운 뒤에 움직이며 이길 것을 확신하고 나서 전투에 임해야 합니다. 적의 재화를 얻거나 적의 가족을 포로로 잡아도 마음대로 취하거나 부리지 않아야 합니다.

모범이 되는 장수가 영웅의 마음을 얻듯, 어느 조직이든 훌륭한 리더는 사람의 마음을 얻을 수 있습니다. 사람의 마음을 얻으려면 리더는 사람이 사는 데 근간이 되는 조화를 배우고 실천해야 합니다. 귀하고 천한 것, 높고 낮은 것, 크고 작은 것, 움직이고 멈추는 것, 밝고 어두운 것, 나아가고 물러서는 것, 부유하고 가난

한 것, 강하고 약한 모든 것을 포용하고 조화롭게 운용할 수 있어야 합니다. 사람의 마음을 얻은 리더는 아무리 어렵고 험난한 난관에 봉착하더라도 팔로어를 설득하고 그들을 움직일 수 있습니다. 사실 이끄는 것이 아니라 팔로어 스스로 움직이게 한다는 설명이 더 타당할 것입니다. 마음을 얻어야 사람들을 움직일 수 있습니다.

유비무환의 태세: 계비(戒備)

〈계비〉는 경계와 대비에 관한 글입니다. 계(戒)는 양손을 뜻하는 공(廾)과 무기를 뜻하는 과(戈)가 합쳐진 글자입니다. 양손에 무기를 들고 경비를 삼엄하게 한다는 뜻에서 '경계'를 의미합니다. 비(備)는 인(亻)과 비(备)가 합쳐진 말입니다. 비(备)는 화살을 담아두는 통을 형상화한 것인데 거기서 물건을 잘 갖추어둔다는 '구비' '설비' '예비' 등의 뜻으로 발전했습니다. '계'와 '비'는 모두 아직 발생하지는 않았지만 만에 하나라도 일어날 수 있는 일에 대한 대비를 가리킵니다. 그러나 '계'는 지모나 책략과 같은 전략적이고 계획적인 측면에, '비'는 살통에 채워놓은 화살과 같이 물질적이고 실질적인 구비와 설비에 초점을 맞추고 있습니다. 《설문해자》에서는 '비'를 삼갈 신(愼)이나 삼갈 근(謹)과 상통하는 글자로도 풀이하고 있습니다. 즉 계비란 미리 예측하고 그에 맞게 구체적으로 대비하되 삼가 신중하게 하라는 뜻입니다.

나라의 큰일 가운데 미리 경계하고 대비하는 것만큼 우선할 것이 없다. 티끌만 한 틈이라도 일단 생기고 나면 천 리만큼 벌어지기 마련이어서 군대가 뒤엎어지고 장수가 죽게 되더라도 그 사태를 막을 수 없을 것이니 참으로 두려운 일이다! 그러므로 환난이 닥치면 군주와 신하는 끼니를 거르더라도 대책을 논의하고 현명한 인재를 골라 일을 맡겨야 한다. 만약 안일하게 지내면서 위태로울 때를 대비하지 않고 도적이 코앞에 이르렀는데도 두려운 줄 모른다면 제비가 장막 위에 둥지를 틀고 물고기가 솥 안에서 헤엄치는 것처럼 멸망이 머지않은 것이다.

《좌전(左傳)》에서는 "대비하지 않고 헤아리지 못한 상황에서는 군사를 일으켜서는 안 된다"라고 했다. 또 이런 말이 있다. "미리 대비해더 이상 헤아릴 일이 없도록 하는 것이 옛날의 훌륭한 정치였다." 이런 말도 있다. "벌이나 전갈과 같은 독충에게는 언제나 독이 있는 법이다. 하물며 나라의 일이야 더 말해 무엇 하리오?" 대비하지 않으면 비록 군대의 수가 많더라도 버텨낼 수 없다. 유비무환이라는 말처럼 군대를 이끄는 데는 대비가 없어서는 안 된다.

원문에서는 적의 침략이나 재난에 미리 대비하지 않아 나라에 티끌만 한 틈이라도 생기면 그 틈이 천 리만큼 벌어지게 된다고 경고합니다. 호리천리(毫釐千里), 즉 처음의 작은 차이가 나중에는 큰 차이로 변한다는 말이 그래서 나왔습니다. 작은 틈이 벌어지기 시작하면 나중에 군대가 전멸하고 장수가 죽임을 당하는 지경에 이르러도 사태를 되돌릴 수 없습니다. 최악의 경우 적에게 주권을 내주어야 하는 상황으로까지 치달을 수 있죠.

이미 〈출사〉에서도 언급한 것처럼 나라에 환난이 생기면 군주와 신하는 끼니를 거르더라도 대책을 논의하고 현명한 인재를 골라 일을 맡겨야 한다고 했습니다. 만약 당장은 태평하다고 위태로울 때를 대비하지 않고 안일하게 지낸다면 어떨까요. 마치 제비가 장막 위에 둥지를 틀고, 물고기가 솥 안에서 헤엄치는 것과 같은 형국이어서, 머지않아 나라가 멸망하고 말 것입니다. 장막(幕)은 천으로 겨우 비바람 정도만 막을 수 있도록 지은 임시 거처입니다. 언제라도 걷어낼 수 있도록 간단히 지었으니 오래 버틸 리없습니다. 돌이나 나무가 아닌 천으로 지어 견고하지도 않습니다. 또 언제라도 불 위에 올라갈 수 있는 솥단지 속에서 헤엄치는 물고기의 운명이라면, 결국 바람 앞의 등불만큼이나 위태로운 처지가 아닐까요. 본래 제비에게는 몸을 기댈 둥지가 있었고 물고기에게는 원 없이 헤엄칠 물이 있었습니다. 그래서 쉽게 안도했을지 모릅니다. 만약 조금만 멀리 내다보고 대비했다면 천막에 둥지를 치거나 솥 안에서 헤엄을 치는 오류를 범하지는 않았을 것입니다.

경계와 대비를 소홀히 한 대가는 매우 참혹합니다. 그래서 미리 내다보고 적절히 대비해야 합니다. 〈계비〉는 장막과 솥이 자신이 기댈 곳인 줄 알고 둥지를 틀고 헤엄을 치는 제비와 물고기의 아둔함을 빗대 경계와 대비의 중요성을 일깨웁니다. 유비무환이라는 말은 바로 이런 경우에 쓰는 말이죠. 유비무환은 원래 진나라의 신하 위강(魏絳)이 "폐하께서는 편안한 때에 위태로움을 생각하고, 생각이 미치면 곧바로 대비하고, 미리 대비하면 우환이 없다(居安思危, 思則有備, 有備無患)는 이치를 받아들이시기 바랍니다"라고 말한 데서 유래했습니다. 당시 진나라는 누구나 인정하는 패자였습니다. 하지만 진나라 제후가 한때의 광영에 취해 여러 나라의 이해관계를 파악하지 못하고 안일하게 대처하는 우를 모면할 수 있었던 것은 위강의 간언 덕분이었습니다. 만약 진나라 군대가 양적으로 우세하다고 자만하고 타국의 공격에 제때 대비하지 않았다면 언제 어떻게 어이없이 무너졌을지 모를 일입니다. 리더든 혹은 리더를 만드는 인재든, 변화무쌍한 상황이나 흐름을 예견해 계비할 수 있어야 합니다. 그러지 못하면 작디작은 틈이 천 리만큼 벌어져 조직을 뒤엎어버릴 수도 있음을 기억할 필요가 있습니다.

군사를 훈련하다: 습련(習練)

〈계비〉에서 경계와 대비의 중요성을 강조했다면, 〈습련〉에서는 그중에서도 정연한 군대를 만들기 위해 선행되어야 하는 군사 훈련을 중점적으로 다룹니다. 병사의 수가 많으면 전쟁에서 유리할 것 같지만 훈련이 전혀 안 된 병사들이라면 전투에 도움이 되기는커녕 전력 손실의 주된 요인이 될 수 있죠. 개개인의 전투력이 약하고 군의 체계도 숙지하지 못했다면 아군끼리 뒤엉켜 스스로 무너지기 쉽습니다. 공자는 심지어 백성에게 전투하는 법을 가르치지 않고 전장으로 나가 싸우게 하는 것은 그들을 죽음으로 몰아넣는 일이라고까지 했습니다.

군대에 훈련이 없다면 백 명으로도 한 사람을 당해내지 못하지만 훈련하면 한 명으로도 백 명을 상대할 수 있다. 그래서 공자는 "백성을 가르치지 않고 전장에 내보내는 것은 그들을 버리는 일이다"라고 했다. 또 말하기를 "선인(善人)이 칠 년 동안 백성을 잘 가르쳤다면 전쟁에 내보낼 수 있다"라고 했다.

그러므로 전장에 내보내려면 가르치지 않으면 안 된다. 예와 의로 가르치고 충과 신(信)으로 이끌며 군령과 법규로 단속하고 상과 벌로 위엄을 세워 사람들이 스스로 따르는 법을 알게 한다. 그런 다음에 군사훈련을 진행한다. 진을 펴거나 나누게 하고 앉거나 일어서게 하고 행군하거나 정지하게 하고 진격하거나 퇴각하게 하고 서로 떨어지거나 합치게 하고 해산하거나 집결하게 한다. 한 명은 열 명을 가르칠 수 있고, 열 명은 백 명을 가르칠 수 있으며, 백 명은 천 명을 가르칠 수 있고, 천 명은 만 명을 가르칠 수 있으니 전군을 모두 가르칠 수 있다. 이처럼 가르치고 훈련한다면 적과 맞서 승리할 수 있다.

습(習)은 어린 새가 날갯짓을 거듭하는 모습을 본뜬 글자입니다. 끊임없는 시도와 노력 끝에야 나는 법을 터득한다는 데에서 '배우다' '익히다'라는 뜻을 가지게 되었습니다. 연(練)은 갓 짠 무명, 모시, 명주 등을 잿물에 삶아 햇볕에 말리는 과정을 묘사한 글자입니다. 이러한 세련(洗練) 과정을 반복해야만 희고 부드러운 실을 뽑아낼 수 있다는 데서 '훈련하다' '단련하다'라는 의미로 확장되었습니다. '습'과 '연'의 핵심은 '반복'에 있습니다. 똑같은 동작이라도 수백 번 반복하고 연마해야 온전히 내 것으로 만들 수 있다는 말입니다. 전투 기술에 대해서 아무것도 모르는 백성이라도 수많은 연습과 훈련을 받으면 강인한 병사로 거듭날 수 있습니다. 〈습련〉에서 소개한 군사훈련은 크게 정신교육과 전투훈련으로 나눌 수 있습니다.

전시와 평시를 막론하고 군에서 실시하는 정신교육은 궁극적으로 병사들의 전투 의지력을 향상시키고 전력을 극대화하는 데 있습니다. 이러한 정신교육은 일종의 사회화 과정으로, 군인이라는 정체성을 확립시켜주는 군사훈련의 중요한 단계입니다. 군대는 공동체입니다. 그러므로 공동체 생활에서 겪을 수 있는 불쾌감과 갈등을 최소화하기 위해서는 본능을 억제하고 남을 배려할 줄 알아야 합니다. 예와 의를 가르친다는 것은 병사들에게 공동체 생활에 필요한 예의범절을 익히도록 하는 것입니다. 공자는 인간의 삶과 관계 질서의 전제이자 기초로 충과 신을 꼽았습니다. 법가에서는 충을 국가나 군주를 위해 자신의 능력과 정성을 다하는 덕목으로 설명합니다. 그러나 충은 군신 관계에만 국한되지 않습니다. 후한시대 마융(馬融)의 저작이라 알려진 《충경(忠經)》에서는 충의 대상은 자신에게서 시작되며 가정이 중간, 국가가 종착지라 했습니다. 요컨대 충은 대인 관계에서의 진실성, 신은 그러한 진실성을 믿는 마음으로 이해할 수 있습니다.

원문에서는 예와 의, 충과 신을 가르치되 엄격한 군령과 법규로 통제해야 함을 강조합니다. 엄격한 군법과 상벌 기준이 있어야 병사들이 긴장감을 늦추지 않고 훈련에 참여할 수 있기 때문입니다. 조직을 이끌기 위해서는 원칙과 기준이 무너져서는 안 됩니다. 제갈량이 울면서 마속을 베었다는 읍참마속(泣斬馬謖)이란 고사는 신상필벌의 원칙을 지키기 위한 제갈량의 신념이 어느 정도였는지를 짐작하게 해줍니다. 이렇게 병사들에게 예와 의, 충과 신을 가르치고 군법과 상벌제도로 다스리면 병사들은 군대 시스템을 이해하고 군인으로서의 행동 규범을 체화하게 됩니다.

이와 같은 정신교육이 선행되어야 비로소 전투 훈련 단계로 넘어갈 수 있습니다. 그렇다면 수많은 병사들을 효율적으로 가르칠 수 있는 방법은 무엇일까요? 공자는 "선인(善人)이 칠 년 동안 백성을 잘 가르쳤다면 전쟁에 내보낼 수 있다"라고 했습니다. 여기서 선인은 잘 훈련된 사람을 가리킵니다. 잘 훈련된 한 사람이 열 명을 책임지고 가르치고, 훈련시킨 열 명이 또 각자 열 명을 책임지고 가르치면 전군을 모두 가르칠 수 있습니다. 교육의 힘은 이처럼 한 사람의 배움을 통해 더 많은 사람을 성장시킬 수 있습니다. 한 사람의 인재를 교육하는 데 투입되는 시간과 돈을 결코 아까워해서는 안 되는 이유입니다.

또 한 가지는 바로 반복입니다. 처음 해보는 훈련에 적응이 안 되어 잦은 실수를 범하는 사람도 나오겠지만, 포기하지 않고 반복적으로 훈련시키다 보면 실력이 향상됩니다. 반복된 연습을 통해 동작이 숙달되면 온 신경을 집중하지 않아도 정확하고 여유 있게 동작을 수행해낼 수 있습니다. "나는 만 가지 초식(招式)을 할 줄 아는 상대는 두렵지 않다. 한 초식을 만 번 연습한 상대를 만나는 것이 두려울 따름이다." 세계적인 액션배우이자 무술인이었던 이소룡의 말입니다. 배우기만 하고 체화하지 못했다면 그것은 제대로 할 줄 아는 것이 아닙니다. 만 가지 초식을 할 줄 안다고 하더라도 어설프다면 전혀 위협적이지 않습니다. 단 한 가지라도 꾸준히 연습해 통달한 사람의 권법이 훨씬 위협적입니다. 꾸준한 반복이 개인과 조직의 경쟁력을 향상시킵니다.

아홉 가지 해악: 군두(軍蠹)

두(蠹)는 나무나 옷, 음식물 등에 기생하면서 좀을 먹고 사는 벌레입니다. 좀이 슨다거나 좀먹는다는 것은 어떤 사물에 드러나지 않게 서서히 해를 입힌다는 뜻입니다. 〈군두〉는 군대를 갉아먹는 해악의 유형을 상세히 나누고 그 작은 해악이 어떤 파국을 가져오는지 일깨웁니다. 중요한 점은 제시한 아홉 가지 유형 가운데 단 한 가지라도 해당되는 내용이 있어서는 안 된다는 것입니다.

군대를 통솔하는 데 있어서 경계해야 할 해악으로는 다음의 아홉 가지가 있다. 첫째, 상황을 제대로 살피지 않고 봉화를 올려 원칙에 대한 신용을 잃는 것. 둘째, 대기 중에 명령을 어겨 제때 대처하지 못하고 대오를 어지럽히는 것. 셋째, 앞의 부대와 뒤의 부대가 군대의 신호에 따라 일사불란하게 움직이지 못하는 것. 넷째, 상관이 부하를 아끼지 않고 마음대로 삭감하거나 빼앗아 원칙이 무너지는 것. 다섯째, 군영 안에서 사사로운 이익을 앞세워 춥고 배고픈 어려움을 알아주지 않는 것. 여섯째, 유언비어가 나돌도록 방치하고 화와 복을 망령되이 구하는 것. 일곱째, 별일이 없는데도 쓸데없이 지껄여서 상관을 놀라게 하거나 당혹시키는 것. 여덟째, 용맹을 내세워 군법을 준수하지 않고 제멋대로 해 상관을 능멸하는 것. 아홉째, 마음대로 군영의 창고를 축내면서 재화를 차지하거나 나눠 주는 것. 위 아홉 가지는 군대를 좀먹는 해악이니, 이렇게 되면 군대는 반드시 패한다.

그 내용을 자세히 살펴보죠. 첫째, 척후병이 적의 상황을 제대로 살피지 않고 봉화를 올리는 것입니다. 척후병의 임무는 적의 동태를 신속하고 정확하게 파악해 아군에게 신호를 보내는 것입니다. 군대는 척후병이 보내온 신호로 적의 상황을 짐작하고 그 정보에 의거해 계책을 정해 행동에 옮깁니다. 만약 그 정보가 정확하지 않다면 아군은 적절하게 대응하기 힘들고, 그러면 당연히 결과도 예측할 수 없게 됩니다. 척후병이 적의 상황을 정확히 파악하는 임무를 완수하지 못해 봉화를 잘못 올린 것이든, 아니면 적의 상황은 제대로 파악했지만 신호를 착각해 약속과 다른 신호를 보낸 것이든, 두 가지 경우 모두 군대를 혼란에 빠뜨릴 수 있습니다. 이런 일이 발생하면 자연히 신호에 대한 불신도 싹트기 마련이죠. 불신이 싹트면 봉화를 믿지 못하게 됩니다.

봉화에 관한 주나라 유왕(幽王)의 일화는 너무도 유명합니다. 유왕은 평소에 웃음이 없는 자신의 총희 포사(褒姒)를 웃게 하려고 봉화를 올려 제후들을 여산(驪山)으로 소집했습니다. 봉화 신호에 놀라 황망히 여산으로 달려간 제후들은 봉화가 적의 침입 때문에 오른 게 아니었다는 사실을 알게 됩니다. 그 뒤 반란한 제후들과 견융족이 실제로 수도 호경(鎬京)을 공격해 와 유왕이 다급히 봉화를 올렸습니다. 그러나 이때는 누구도 이 봉화가 사실이라고 믿지 않았습니다. 유왕은 결국 견융족에게 살해당하고 맙니다. 정보가 신용을 얻지 못한다면 없느니만 못합니다. 신호는 반드시 신용을 담보로 신중하고 정확하게 전달되어야 제 구실을 할 수 있습니다.

둘째, 대기 중에 명령을 어겨 적시에 대처하지 못하고 대오를 어지럽히는 것입니다. 군대에서 명령을 어기는 일은 말할 가치도 없이 징계 대상입니다. 고의로 명령에 복종하지 않는 것은 물론이고 지시한 때에 지시한 바에 따라 움직이지 않아도 징계를 받아야 합니다. 제때 움직이지 못했으니 대오는 당연히 정연할 수 없을 겁니다. 제때 대처하지 못했다는 것은 계획과 작전이 실패했음을 의미하기도 합니다. 군대가 움직이고 멈추는 것, 함정을 만들어 놓고 잠복하는 것, 적을 유인하는 것, 공격하는 것 등은 기본적으로 타이밍을 전제로 합니다. 전략을 펼치는 데 가장 중요한 기본 원칙은 적시에 상황을 포착해 힘을 모으는 것입니다. 그런데 제때 대처하지 못해 대오를 어지럽히고 명령까지 어기는 지경에 이르렀으니, 이는 당연히 군대의 해악이 아닐 수 없습니다.

셋째, 앞의 부대와 뒤의 부대가 군대의 신호에 따라 일사불란하게 움직이지 못하는 것입니다. 병사들이 대오를 벗어나 삼삼오오 흩어져 있거나 질서 정연하지 못한 상황입니다. 북이나 징으로 신호를 보내도 앞뒤로 제대로 전달되지 않고 정신을 모아 신호에 집중하지 못합니다. 명령에 따라 즉각적으로 정연하게 움직이지 못하는 것은 군대의 규율이 해이해졌다는 증거죠. 마음이 느슨해진 군대가 승리할 수 있는 확률이 과연 얼마나 될까요?

넷째, 상사가 부하를 아끼지 않고 부하의 몫을 마음대로 삭감하거나 빼앗는 것입니다. 챙겨줄 것은 주지 않고 부려만 먹으면 어떤 부하도 몸과 마음을 다해 싸우려 하지 않을 겁니다. 목숨 걸고 싸워봤자 정당한 몫을 챙기지 못할 것이 불 보듯 뻔하기 때문이죠. 정당한 몫이란 결국 그가 흘린 피와 땀에 대한 인정과 대가입니다. 누군가가 피땀 흘려 노력했다면 그는 당연히 그에 상응하는 대가를 받고자 할 것입니다. 대가란 노력과 희생을 인정하는 것입니다.

그러나 한편으로 치열한 전쟁터에서 물질적인 대가보다 더 필요한 것은 마음에서 우러나오는 인정일지 모릅니다. 인정이란 마음으로 표현하는 대가요, 물질적인 대가를 초월하는 또 다른 형식의 격려와 보상입니다. '아낀다'라는 뜻의 휼(恤)은 마음을 다해 돌보고 사랑하며 불쌍히 여긴다는 것입니다. 부하를 돌보고 긍휼하게 여기지 않는 장수라면, 그를 존경하는 부하가 있다고 기대할 수도 없을 것입니다.

다섯째, 장수가 자신의 사욕만 앞세우고 병사들이 춥고 배고파도 아랑곳하지 않는 것입니다. 네 번째에서 서술하고 있는 내용이 상대적 빈곤에 초점을 맞추었다면 다섯 번째는 절대 빈곤을 겨냥합니다. 군사들이 정당한 몫을 받기는커녕 심지어 굶주리고 추위에 떨어도 장수가 그런 병사들의 처지를 전혀 개의치 않는다면 어떨까요. 병사들의 고통이 철저히 무시되고 짓밟히며 오직 희생만 강요되는데 목숨을 걸고 싸울 병사들이 있을까요. 당연히 의욕이 사라져 싸울 힘도 잃게 마련이죠. 정당한 대우를 받지 못한다면 싸워야 할 명분을 찾을 길이 없습니다. 그래서 아예 싸울 기력도 없는 것입니다.

여섯째, 부대 안에 유언비어가 나돌고 화와 복을 망령되이 구하는 것입니다. 유언비어의 '유언'이란 흘러 다니는 말이란 뜻입니다. 즉 근거 없이 떠도는 나쁜 소문을 의미합니다. 유언비어는 분명 근거 없는 말이지만 이로 인해 군대의 기강은 물론 한 나라의 안보까지 위협을 받을 수 있습니다. 화와 복을 망령되이 구한다는 것은 부대 안에 미신을 믿는 행위가 만연하다는 뜻입니다. 사리에 어그러지고 헛되며 거짓을 구한다는 뜻입니다. 사람이 사특한 말로 망령되이 화와 복을 바라는 행위는 용감하게 맞서지 않고 비겁하게 싸움을 면하려는 심산에서 나옵니다. 아울러 공을 세우지 않았는데도 상관이나 군주에게 인정받거나 후한 상을 받고자 하는 탐욕에서 기인합니다. 군인이 용감하게 싸우려 하지 않으면 이길 수 없으며, 공을 세우지 않고도 상을 받으려 한다면 명령에 제대로 복종할 리 없습니다. 누구나 화복을 기원할 수는 있습니다. 그러나 장수가 그것을 놓아둔다면 종국에는 큰 해악이 되어 군대로 돌아옵니다.

일곱째, 별일이 없는데도 쓸데없이 지껄여서 상관을 놀라게 하거나 당혹시키는 것입니다. 군대는 적의 침입은 물론 간첩의 이간질이나 유언비어 유포로 인한 혼란 등에 항시 대비해야만 합니다. 이런 긴박한 와중에 적도 아닌 아군이 이유 없이 소란을 피워 장수의 판단을 어지럽히고 부대를 혼란스럽게 한다면 장수와 병사, 병사와 병사 간의 결속력을 와해시키는 원인이 됩니다. 물론 이는 장수가 군대 자체를 제대로 통제하지 못했음을 의미하기도 합니다. 군대가 아무것도 아닌 일에 우왕좌왕하는 사이 적에게 틈을 보여 침범이라도 당한다면 결과는 돌이킬 수 없는 상황으로 치달을 겁니다. 눈에 보이지 않는 말의 위력과 파장은 대단합니다. 말로 흐트러뜨리면 아군도 가장 치명적인 적이 될 수 있습니다.

여덟째, 용맹을 내세워 군법을 준수하지 않고 제멋대로 굴어 상관을 능멸하는 것입니다. 용감하지 않은 군대는 전진할 수 없습니다. 용기 없이 전쟁에 나선다면 칼과 창 없이 싸우는 것보다 더 참혹한 결과를 낳습니다. 그러나 그토록 중요한 용기도 지나치면 화가 되는 법입니다. 병사가 자신의 용기만 믿고 절제하지 않거나 장수의 명령을 무시하고 제멋대로 군다면 이는 군대 자체를 능멸하는 것과 다르지 않습니다. 능멸한다(陵)는 것은 가벼이 여기고 업신여기며 짓밟고 오른다는 뜻입니다. 즉 자신의 용맹을 과신한 나머지 장수의 뜻을 짓밟고 군대의 규율을 업신여기는 상황이죠. 용맹을 앞세운 월권은 당연히 질책당해 마땅하며, 그 이전에 반드시 경계하고 대비해야 할 문제입니다.

아홉째, 마음대로 군영의 창고를 축내면서 재화를 차지하거나 나눠 주는 것입니다. 군영 창고는 군량미를 비롯해 전쟁에 필요한 물자와 무기를 보관하는 장소입니다. 식량이 없으면 생명을 보존할 수 없으며, 군복이나 천막이 없으면 몸을 보호할 수 없고, 무기가 없으면 싸울 수 없습니다. 그러므로 군영 창고는 군대의 밑천 저장소일 뿐 아니라 군인들의 목숨 줄을 지탱해주는 생명 보관소이기도 합니다. 그런 군영 창고의 재화를 제멋대로 나눠 준다면 어떻게 될까요. 제멋대로 나눠 준다(擅給)는 것은 자신의 욕심을 채우려 공동의 재산을 횡령하거나 인심을 얻기 위해 병사들에게 마구잡이로 나눠 주는 행위를 모두 포함합니다. 금고 열쇠를 손에 쥔 자라면 공평하고 정당하게 재물을 분배할 줄 알아야 합니다.

위 아홉 가지는 군대를 좀먹는 해악(蠹)이니, 이 아홉 가지 중에 하나라도 있다면 군대는 반드시 패한다고 했습니다. 〈군두〉는 전략에 실패하는 것은 용서할 수 있어도 경계하지 않은 것은 용납할 수 없다고 일침을 가합니다. 나무를 좀먹으며 사는 벌레는 눈에 띄지도 않을 정도로 작습니다. 갉아먹는 양도 미세하고 그 속도마저 느릴지 모릅니다. 그러나 그런 좀이 결국에는 수백 년 된 나무도 쓰러뜨릴 수 있습니다. 장롱에 잘 보관해둔 겨울옷에 좀이 슬어 멀쩡한 옷을 버려야 했던 아픈 기억이 한 번쯤은 있을 겁니다. 옷이야 버리면 그만이라지만 군대와 나라는 버릴 수도 없고 버려서도 안 되겠죠. 해악이 한순간 크게 발생해 모두에게 경각심을 불러일으킨다면 차라리 좋을지 모릅니다. 하지만 군대를 망치는 해악은 좀이 슬듯, 좀이 먹듯, 서서히, 그러면서도 치명적으로 잠식합니다. 인식하지도 못할 만큼 작은 문제에서 시작한 해악은 조금씩 아주 조금씩 좀이 슬듯 조직 전체를 망칩니다.

어떤 사람을 쓸 것인가: 복심(腹心)

〈복심〉은 언제나 장수의 곁을 지키며 그를 보좌하는 인재에 관한 글입니다. 사람의 배와 가슴을 가리키는 '복심'은 우리말에서 심복(心腹)으로 더 자주 쓰입니다. 심복은 마음 놓고 부리거나 일을 맡길 수 있는 사람, 또는 퍽 긴하여 없어서는 안 될 사물을 가리킵니다. 장수는 한정된 시공간에서 주어진 제약을 초월해 많은 일을 완벽히 처리해야 하는 사람입니다. 어떤 이유에서든 그가 자신의 임무를 완수하지 못하면, 군대 전체나 국가의 운명에는 위기가 찾아오기 때문입니다. 따라서 심복은 장수가 물리적으로 위치할 수 없는 곳에서 그를 대신하는 일까지 포함해 그가 임무를 완수할 수 있도록 최선을 다해 도와야 합니다.

《장원》에서는 장수를 보좌할 인재인 심복을 복심(腹心), 이목(耳目), 조아(爪牙)의 세 유형으로 나누어 설명합니다. 중요한 점은 이 세 가지 능력이 장수의 책임을 완수하는 데 필수적이라는 사실입니다.

> 장수에게는 반드시 무슨 일이든 믿고 쓸 수 있는 복심(腹心), 눈과 귀를 대신할 수 있는 이목(耳目), 발톱과 이빨처럼 내세울 수 있는 조아(爪牙)가 있어야 한다. 마음으로 믿고 쓸 수 있는 복심이 없다면 사람이 어두운 밤길을 다니는 것처럼 손발을 자유롭게 쓸 수 없게 된다. 눈과 귀를 대신할 수 있는 이목이 없다면 깜깜한 방 안에 홀로 앉은 것처럼 동정을 살필 수 없게 된다. 발톱과 이빨처럼 내세울 수 있는 조아가 없다면 배고픈 사람이 독이 든 음식을 먹는 것처럼 죽음을 피할 수 없게 된다. 그러므로 뛰어난 장수라면 모름지기 박학다식한 이를 복심으로 삼고, 조용히 살피며 삼가 행동하는 이를 이목으로 삼으며, 용맹하게 적과 잘 싸우는 이를 조아로 삼아야 한다.

중국 역사상 최초로 중원을 통일한 진시황의 제국이 몰락한 뒤, 다시 통일을 이룩한 사람은 아이러니하게도 항우가 아니라 유방이었습니다. 명문가 출신의 항우는 약관의 나이에 당시 최대 영토와 최고 병력을 자랑하던 초나라 군대를 이끌고 있었고, 농민 출신의 유방은 시골 마을의 하급 관리를 전전하고 있었습니다. 유방은 중원을 통일하고 한나라를 건국한 뒤, 새로운 수도 낙양에서 열국의 제후와 장수들을 한자리에 불러 모으고 잔치를 벌였습니다. 그리고 그 자리에서 그들에게 물었습니다. "내가 천하를 얻을 수 있었던 것은 무엇 때문인가? 항우가 천하를 잃은 것은 무엇 때문인가?" 신하들은 저마다 그 질문에 답을 했지만, 유방은 그들의 말을 부정하며 이렇게 덧붙였습니다. "군막 안에서 전략을 세우고 계책을 내어 천 리 밖의 군대가 반드시 이기도록 하는 재주로는 내가 장량만 못하다. 나라를 안정시키고 백성을 어루만지며 군량을 공급하고 보급로를 지키는 재주로는 내가 소하만 못하다. 백만 대군을 거느리고 전투에 나서면 반드시 이기고, 공략하면 틀림없이 성과를 거두는 재주로는 내가 한신만 못하다. 이 세 사람은 모두 천하의 걸출한 영웅이다. 나는 이 사람들을 쓰는 재주를 지녔으니, 이것이 내가 천하를 얻을 수 있었던 이유이다. 항우는 범증 한 사람도 제대로 쓰지 못했으니, 이것이 그가 내게 사로잡힌 이유이다."

장량, 소하, 한신은 유방이 한나라를 세우는 데 가장 큰 공을 세운 영웅들로 한초삼걸(漢初三傑)이라 일컬어집니다. 한신은 실전에서 누구보다 뛰어난 장수였고, 소하는 타고난 행정가로서 내정

경영에 뛰어났으며, 장량은 거시적인 안목을 지닌 정치가이자 전략가였습니다. 군사, 경제경영, 정치전략 등은 모두 국가를 통치하는 데 필수적으로 요구되는 능력입니다. 유방은 본디 어릴 때부터 국가의 지도자가 되기 위해 교육을 받아온 귀족이 아니었습니다. 군사적인 능력은 물론이고 경제나 경영, 행정, 사법, 전략, 외교 등 국가 운영에 필요한 통치 능력 가운데 어느 것도 체계적으로 습득하지 못했습니다. 그런 그가 나라를 세울 수 있었던 것은 각 분야에서 독보적인 능력을 지닌 인재를 활용하는 지혜를 지니고 있었기 때문이죠.

장수의 책무는 막중하고 소임은 중요하며, 그가 맡은 일은 종종 한 개인이 물리적으로 감당할 수 있는 범주를 넘어섭니다. 리더십에서 위임 능력이 필수적인 것은 이 때문입니다. 위임은 단순히 '나'에게 주어진 몫의 일을 '남'에게 미루는 행위가 아닙니다. 업무 분배 및 인재 활용과 연관되는 핵심적인 문제로 직결되며, 나아가 후속 리더의 선택과 육성 문제와 이어집니다. 이는 리더가 이끄는 공동체의 미래와 불가분의 관련을 맺습니다.

원문에서는 먼저 장수에게 그 자신의 배와 가슴처럼 완전히 믿고 일을 맡길 수 있는 '복심'이 없다면 어두운 밤길을 다니는 것만큼이나 손발이 자유롭지 못하다고 했습니다. 앞이 보이지 않는 길을 걸을 때 사람은 매사에 조심스럽고 겁이 많아지죠. 평상시처럼 자유롭고 자연스럽게 활동할 수 없습니다. 장수에게 마음 놓고 일을 맡길 수 있는 '복심'이 없다면, 그가 계획하는 모든 일은 필연적으로 개인의 시공간 한계 안에 묶이고 말 것입니다. 결국 앞이 보이지 않는 밤길을 걷는 것처럼 모든 상황에 소극적으로 대처할 수밖에 없습니다.

만약 장수에게 믿을 만한 '이목'이 없다면 벽이나 창, 문과 멀리 떨어져 텅 빈 방 한가운데 홀로 앉아 있는 것처럼 바깥세상의 동정을 살필 수 없게 됩니다. 오직 자기 눈앞에 있는 것만 볼 수 있고, 방의 경계를 넘어 안으로 틈입하는 소리만 들을 수 있을 뿐입니다. 즉 제한된 정보에 입각해서 판단을 내릴 수밖에 없습니다. 당연히 중요한 사안을 잘못 판단할 가능성이 높아지고 그로 인한 오류를 감수하지 않을 수 없게 됩니다.

또 '조아'처럼 자신을 보호하기 위해 내세울 수 있는 인재가 없다면, 자신의 막중한 직책에 따르는 모든 위험에 그대로 노출되고 맙니다. 장수는 한 나라를 대신해 군대 전체를 이끌며 적과 대치하는 인물이기 때문에 적이 노리는 표적이 될 수밖에 없습니다. 따라서 조아와 같은 인재가 돕지 않는 장수는 마치 굶주린 사람이 독이 든 음식마저도 가리지 않고 먹다가 죽음에 이르는 것과 같은 치명적인 위험을 무릅쓰지 않을 수 없습니다.

뛰어난 장수의 복심이라면, 적어도 장수와 같은 안목으로 상황을 판단하며 문제를 처리할 수 있어야 합니다. 또한 능력만 아니라 사람됨도 미더워야 합니다. 장수가 직접 존재하지 못하는 시공간이라면 언제 어디서나 그를 대신할 수 있어야 하기 때문입니다. 그래서 원문에서는 박학다식함과 미더움을 복심의 조건으로 꼽았습니다. 뛰어난 장수의 이목이라면, 마치 존재하지 않는 것처럼 언제 어디에나 존재하면서 상황과 사람을 살피고 분석할 줄 알아야 합니다. 그래서 원문에서는 관찰력과 신중함을 이목의 조건으로 꼽았습니다. 뛰어난 장수의 조아라면, 어떠한 적과 대면하더라도 겁을 내어 물러서는 일 없이 잘 싸워 이기는 사람이어야 합니다. 자신이 보좌하는 장수가 직무를 완수할 수 있도록 보호하는 책임을 다하려면 스스로의 생명까지 지킬 줄 알아야 합니다. 그래서 용맹함뿐 아니라 효율적으로 대적하는 능력이 조아의 조건이라고 했습니다.

장수를 보좌하는 세 유형은 제각기 자신의 능력을 최대한 발휘하되 마치 한 몸처럼 하나의 비전을 위해 움직여야 합니다. 장수를 보좌하는 심복의 능력이 최상으로 발휘되고, 정해진 목표에 따라 효율적인 방식으로 결합할 때, 비로소 이상적인 리더십이 실현됩니다.

기율을 지키다: 근후(謹候)

〈근후〉는 군대가 출정하기 전에 반드시 지켜야 할 기율을 구체적으로 언급한 글입니다. 근후란 언행을 조심하고, 상태나 징후를 꼼꼼히 살펴 일어날 바를 예측하며, 장수 자신에 대해서는 스스로 반성하고 병사들에 대해서는 세심히 보살피며, 군대 안팎으로 어떠한 이상 징후나 조짐이 생기지는 않는지 면밀하게 살펴야 함을 나타냅니다.

전투에 패하고 군대를 잃는 것은 적을 얕보다가 화를 불러오는 데서 비롯된다. 그러므로 군대가 출정할 때는 기율에 따라야 하며 이것이 지켜지지 않으면 망한다. 지켜야 할 기율에는 열다섯 가지가 있다. 첫째, 이간과 염탐하는 일을 밝히기 위해 살피는 것. 둘째, 입수된 정보를 면밀히 파악하는 것. 셋째, 적의 수가 많더라도 꺾이지 않을 만큼 용맹한 것. 넷째, 이익 앞에서도 의를 먼저 생각할 만큼 청렴한 것. 다섯째, 상벌을 공평하게 하는 것. 여섯째, 치욕을 잘 참을 만큼 인내하는 것. 일곱째, 여러 사람을 포용할 만큼 관대한 것. 여덟째, 한번 승낙한 일은 반드시 이행해 신용을 지키는 것. 아홉째, 어질고 능력 있는 인재를 예우할 정도로 정중한 것. 열째, 참언에 귀 기울이지 않을 정도로 현명한 것. 열한째, 예의에 어긋나지 않도록 삼가는 것. 열두째, 병사들을 잘 돌볼 만큼 자애로운 것. 열셋째, 나라를 위해 목숨을 바칠 수 있을 정도로 충성하는 것. 열넷째, 적정한 선을 알 만큼 분별력을 가지는 것. 열다섯째, 지피지기 하는 지략을 갖추는 것.

〈근후〉의 첫머리에서는 적을 얕보다가는 화를 불러오고 급기야 군대마저 잃게 된다고 했습니다. 그러니 장수는 출정하기 전에 반드시 군대의 기율을 정비하고 주의를 기울여야 한다고 강조합니다. 지켜야 할 기율로 제시된 열다섯 가지는 다음과 같습니다.

첫째, 여(慮)입니다. 여기에는 꾀하다, 조사하다, 멀리 앞날까지 살펴본다는 의미가 있습니다. 옛날에는 척후병이 들고 다니는 깃발도 여라고 불렀습니다. 여는 한마디로 첩보 행위를 의미합니다. 간첩을 이용해 적의 상황을 염탐하기도 하고 적을 이간하기도 합니다. 고대에는 정보를 수집하는 방법이 매우 제한적이었으므로 상대 진영에 간첩을 보내는 수밖에 없었습니다. 전쟁의 승패를 좌우할 수 있는 계책을 세우기 위해서는 적의 상황과 동태를 정확히 파악하는 것이 급선무입니다. 이것이 모든 일의 기본이자 시작점입니다.

둘째, 힐(詰)입니다. 따져 묻는다는 뜻으로, 적의 정보를 최대한 입수하고 면밀히 조사하는 데 힘쓰는 것입니다. 정보를 수집한다는 측면에서는 간첩을 이용하는 '여'와 상통하는 면도 없지는 않지만, 입수된 정보를 검토하고 분석하는 것은 물론 실질적으로 적용하는 단계까지 포괄하고 있다는 점에서 더 체계적이고 범위도 넓습니다. 입수된 정보가 옳은지 파악하고, 이를 면밀히 분석해 그에 상응하는 대응책을 세우는 것이 핵심입니다. 싸워야 하는 적이든, 점령하고자 하는 대상이든, 이루고자 하는 목표든, 실정을 제대로 파악하고 있어야 적절히 대처할 수 있습니다.

셋째, 용(勇)입니다. 용은 용감하고 과감하며 강한 기운을 의미합니다. 《설문해자》에서는 용을 기(氣)로 풀고 있습니다. 적의 수가 많더라도 기세가 꺾이지 않을 만큼 용맹하고, 적이 아무리 강하더라도 겁먹지 않고 과감하게 맞설 수 있어야 합니다. 적군의 수가 많고 힘이 세더라도 기죽지 않을 만한 용맹이 있으면 실제 싸움에서도 얼마든지 승산이 있습니다. 그러나 기싸움에서부터 밀리면 승기를 잡기란 쉽지 않을 것입니다.

넷째, 염(廉)입니다. 청렴하고 검소하다는 뜻인데, 날카롭게 살핀다는 뜻도 함께 가지고 있습니다. 검소한 사람은 재화를 탐하지 않고 청렴한 사람은 이익으로 유혹해도 흔들리지 않습니다. 재물도 이익도 뒤로한 채 의를 가장 먼저 생각합니다. 또한 부하들의 처지를 면밀히 살펴 각자의 몫을 공평하게 분배할 줄도 압니다. 염은 나 하나만 검소하게 지내는 것에 만족하는 소극적인 차원을 넘어 공평하게 분배한다는 적극성까지 포함하는 개념입니다.

다섯째, 평(平)입니다. 상과 벌을 공평하게 내리는 것으로, 균(均)과 같은 의미입니다. 상을 주고 벌을 내릴 때 귀천고하를 가리지 않고 공평하게 적용하는 것이 바로 평입니다. 송나라 시대의 운서(韻書) 《광운(廣韻)》에서는 평을 정(正)으로 풀이하고 있으며, 《황제내경(黃帝內徑)》에서는 평을 태평(太平), 평안(平安)으로 풀었습니다. 상벌이 공평해야 바른 조직입니다. 조직원들이 부당하다고 여기지 않아야 비로소 평안하고 태평하다고 할 수 있습니다.

여섯째, 인(忍)입니다. 인이란 인내하고 용서하는 마음입니다. 단순히 참는 정도가 아니라 치욕을 견뎌낼 수 있을 정도로 인내해야 합니다. 《설문해자》에서는 인을 능(能)이라고 풀이했습니다. 인은 나를 용서하고 남을 용서하며 그러한 상황마저 용납하고 받아들여야 가능합니다. 치욕을 참아낼 수 있어야 능히 이룰 수 있습니다.

일곱째, 관(寬)입니다. 관은 마음이 넓고 관대하다는 뜻에서 출발해 부유하다는 의미까지 확장되었습니다. 도량이 크다는 것은 품을 수 있다는 뜻입니다. 여러 사람을 포용한다는 것은 비단 나를 따르는 이들을 품는 데 그치지 않고 의견을 달리하는 사람들까지도 품는 것을 의미합니다.

여덟째, 신(信)입니다. 신은 사람이 하는 말에 거짓이 없음을 뜻합니다. 무엇보다 일단 약속한 일은 반드시 이행해 신용을 지켜야 합니다. 자신이 한 말에 확실히 책임을 지고 반드시 약속을 이행하는 사람은 신뢰할 수 있으며, 그에게는 무슨 일이든 맡길 수 있습니다. 거꾸로 생각하면, 약속을 쉽게 여기는 사람은 성실하지 않다는 반증입니다. 그런 사람에게는 어떠한 일이든 믿고 맡길 수 없습니다.

아홉째, 경(敬)입니다. 경이란 상대방을 존중하고 예의로 대하는 것입니다. 일반적으로 공경이라는 것은 나이가 많고 높은 자리에 있는 자들을 향한 마음이라고 생각하기 쉽지만 〈근후〉에서는 어질고 능력 있는 인재를 예우하는 것이라고 말합니다. 신분과 연령을 막론하고 현능한 자를 정중히 대하며, 인재를 구하는 일에 태만하지 않은 것이 바로 경입니다. 사람은 일정한 지위에 오르면 자신보다 현명하고 유능한 자의 가르침을 구하는 데 게을러지기 마련이며, 자신보다 낮은 지위에 있는 자들에게 예를 갖춰 존중하기도 힘들어집니다. 그러나 인재를 찾아 예우해야 그들의 지혜와 조언을 얻을 수 있고, 그것을 받아들일 수 있어야 전투에서 패하지 않는다는 점을 기억해야 합니다.

열째, 명(明)입니다. 명은 밝고 명확한 것입니다. 사물의 이치를 분명히 판별하는 지혜를 갖추고 있어 참언(讒)에 귀 기울이지 않을 정도로 현명한 것입니다. 헐뜯고 거짓말하다는 뜻의 참(讒)은 언(言)과 참(毚)이 합쳐진 말입니다. 토(兔)와 토(兔)의 합자인 참(毚)은 토끼가 다른 토끼를 뛰어넘는 모양을 형상화한 것으로, 약삭빠른 토끼를 뜻합니다. 모양도 비슷한 두 마리 토끼가 서로 뛰어넘으니 이 토끼가 저 토끼인지 저 토끼가 이 토끼인지 쉽게 알아차릴 방도가 없는 것입니다. 참소는 이처럼 사람을 헷갈리게 해 그 실체가 무엇이든 명확히 구분할 수 없게 만드는 재주를 가지고 있습니다. 명은 어둠에 반대되는 개념입니다. 내가 밝아야 참언인지 진언인지 구분할 수 있습니다.

열한째, 근(謹)입니다. 근은 언행을 조심하는 것으로 예의에 어그러짐이 없도록 삼가는 것입니다. 예의에 어그러지는 말과 행동을 하면 사람들이 점차 나를 멀리하고 피해 달아나며, 결국에는 서로에게 원망이 쌓이고 맙니다. 조직을 이끌고 사람을 얻기 위해서는 예의에 어긋나지 않도록 말을 아끼고 몸가짐을 조심해야 할 것입니다.

열두째, 인(仁)입니다. 인은 어진 마음입니다. 즉 불쌍히 여기고 사랑하는 것입니다. 병사들을 잘 돌볼 줄 아는 것이 자애입니다. 공자에 따르면 인은 스스로에게는 엄하지만 남에게는 어질게 하는 마음입니다. 나보다 남을 먼저 사랑하고 나보다 못하고 낮은 처지에 있는 사람을 어진 마음으로 대할 줄 알아야 싸움에서 이길 수 있다고 〈근후〉는 강조합니다.

열셋째, 충(忠)입니다. 나라를 위해서 충성하는 것인데, 충성하되 나라를 위해 목숨을 바칠 수 있을 정도여야 합니다. 전쟁에서는 목숨을 보장받을 수 없습니다. 그런데도 전장에 나가는 것은 나라를 위해 죽을 각오가 되어 있기 때문입니다. 그러므로 군대는 병사들이 목숨을 걸고 싸울 수 있도록 명분과 함께 충성심도 심어주어야 합니다.

열넷째, 분(分)입니다. 칼 도(刀)와 여덟 팔(八)이 합쳐진 글자로, 물건을 나누는 것에서 분별하다는 뜻으로 발전했습니다. 명백하게 구분하고 분별하고 구별할 줄 알아야 잘 나눌 수 있습니다. '분'은 적정한 선을 알고 이를 지킬 줄 아는 것입니다. 그것이 분별력입니다. 나아가고 물러날 때, 강하고 부드러울 때, 취하고 버릴 때, 움직이고 멈출 때를 분별할 수 있어야 이길 수 있습니다.

열다섯째, 모(謀)입니다. 사람이 없는 곳에서 몰래 계책을 가지고 도모하는 것이 모입니다. 그런데 〈근후〉에서는 나를 알고(料) 적을 아는(知) 것이 모라고 합니다. 적에 관한 정보를 수집하고 동향을 알아내고 상황을 파악해 계책을 세워봤자, 정작 나 자신을 알지 못하면 이기지 못합니다. 앞서 〈장폐〉에서도 적을 잘 안다고 자부하면서 정작 스스로에 대해서는 제대로 알지 못하는 일을 장수가 경계해야 할 사항 중 하나로 지적한 바 있습니다. 지피지기 하는 지략을 갖추는 것, 그것이 바로 모입니다.

그런데 적을 아는 것에는 지(知)라는 동사를, 나를 아는 것에는 요(料)라는 동사를 사용한 점에 유념할 필요가 있습니다. 지는 지식이나 학식을 안다는 뜻이고, 요는 헤아리고 되돌아본다는 뜻입니다. 상대에 대해서는 객관적인 사실이나 지식에 근거해 정보를 수집해야 하고, 자신에 대해서는 마치 되로 되어 헤아리듯 마음으로 요리조리 재고 관리해야 한다는 뜻입니다. 즉 적보다 나를 아는 데 더 공을 들여야 한다는 의미입니다.

결국 가장 기본적인 출발점은 바로 나 자신을 아는 데 있습니다. 나를 헤아리고 나서야 적을 알 수 있고, 적을 바로 알고 나서야 비로소 이길 수 있습니다.

계기를 이용하는 지략: 기형(機形)

〈기형〉에서는 전투에서 반드시 이용해야 하는 세 가지 계기(機)를 소개하고 있습니다. 뛰어난 장수는 전투에서 이 세 가지 계기를 놓치지 않고 잘 포착해 전투를 승리로 이끕니다. 지혜가 어리석음을 이기는 것은 자연스러운 이치이며, 어리석음이 지혜로움을 이기는 것은 이치에 역행하는 것입니다. 흥미로운 지점은 지혜로움으로 지혜로움을 이기는 것이 계기를 이용하는 것에 달려 있다고 서술한 점입니다. 계기를 잘 포착해 책략으로 적용해내는 것이 승리의 관건이라고 합니다. 이 계기는 사건(事), 형세(勢), 정세(情) 세 가지로 세분화됩니다.

> 어리석음으로 지혜로움을 이기는 것을 역(逆)이라 하고, 지혜로움으로 어리석음을 이기는 것을 순(順)이라 하며, 지혜로움으로 지혜로움을 이기는 것을 기(機)라고 한다. 기를 이용하는 방법에는 세 가지가 있다. 첫째는 사건을 이용하는 것이고, 둘째는 형세를 이용하는 것이며, 셋째는 감정을 이용하는 것이다. 사건을 이용할 수 있는 계기가 주어졌는데도 이에 대응하지 않으면 지혜롭지 못한 것이다. 형세를 이용할 수 있는 계기가 만들어졌는데도 이를 통제하지 않으면 현명하지 못한 것이다. 감정을 이용할 수 있는 계기가 촉발되었는데도 이를 행동으로 옮기지 않으면 용맹하지 못한 것이다. 뛰어난 장수는 반드시 이러한 계기를 장악해 지혜로 승리를 거둔다.

첫째, 자신에게 유리하게 이용할 수 있는 사건의 틀이 주어졌는데도 이에 대응하지 않으면 지혜롭지 못한 것입니다. 분명 이길 수 있는 사건이 발생했는데도 유리하게 이용하지 못해 전투에서 지고 만다면 이처럼 안타깝고 어리석은 일이 또 있을까요. 송양지인(宋襄之仁)의 고사가 바로 대표적인 예라고 할 수 있습니다.

춘추시대의 첫 패자인 제나라 환공이 죽자, 치열한 후계 다툼으로 나라가 어지러웠습니다. 송나라 양공은 이 기회를 틈타 패자의 자리에 오르고자 하는 욕망을 드러냈죠. 이복형 목이(目夷)는 작은 나라인 송나라가 맹주를 꿈꾸는 것은 위험천만한 일이라고 충고했습니다. 목이의 만류에도 불구하고 양공은 제나라로 쳐들어갔죠. 송나라는 제나라 공자 소(昭)를 지원해 그를 임금에 앉혔고, 그 영향력으로 제나라, 초나라, 송나라 삼국의 맹주가 되었습니다. 이듬해 정나라가 초나라와 맹약을 맺고 화친하고자 했습니다. 양공은 이것이 맹주인 송나라를 무시한 행위라고 여겨 몹시 자존심이 상했습니다. 결국 양공은 정나라를 치고자 했고, 초나라는 정나라를 지원하기 위해 군대를 파견했습니다. 송나라 군대와 초나라 군대는 홍수(泓水) 강가에서 일대 격전을 벌여야 하는 상황에 돌입했습니다. 송나라는 그곳에서 먼저 진을 치고 있었고, 정나라 군대에 이어 초나라 군대가 도착했습니다. 정나라와 초나라는 어수선한 가운데 제대로 진지를 구축하지 못했는데 양공은 전혀 공격할 생각을 하지 않았습니다. 이를 안타깝게 여긴 목이가 적의 병력이 송나라보다 월등하니 그들이 전열을 다듬기 전에 공격해야 한다고 간했습니다. 그러나 양공은 적이 아직 진을 칠 준비를 하지 않았는데 공격하는 것은 정정당당한 싸움이 아니며 패자로서의 도리에도 어긋난다며 공격을 반대했습니다. 초나라 군대가 강을 건너기 시작하자 다시 목이가 다급하게 공격을 촉구했습니다. 그러나 양공은 여전히 동일한 이유로 공격하지 않았습니다. 양공은 초나라 군대가 전열을 갖춘 뒤에 비로소 공격 명령을 내렸습니다.

치열한 전투가 시작되자 당연히 병력이 우세한 초나라 군대가 승세를 거머쥐고 전투에서 승리했습니다. 터무니없는 여유를 부린 결과 송나라 군대는 참패를 당했고, 양공 자신도 그 전투에서 다리에 큰 상처를 입은 후 병세가 악화되어 이듬해 죽고 맙니다. 양공은 목이가 계속해서 간곡히 간했는데도 두 번의 기회를 놓치고 만 셈이죠. 이 때문에 세상 사람들은 그의 죽음을 애석하게 여기기보다 오히려 자신의 처지도 모르고 어리석게 어짊을 베풀었다 하여 비웃었습니다. 이 사건으로 인해 춘추시기 송나라 사람들은 어리석은 자의 대명사로 불렸습니다.

둘째, 형세가 변화하거나 움직여 자신에게 유리하게 작용할 수 있는 계기가 만들어졌는데도 이를 제어하지 않으면 현명하지 못한 것입니다. 불리한 전세에서 전투에 이용함으로써 형세를 전환할 계기가 만들어졌다면, 반드시 이런 상황을 제어해 자신에게 유리하게 활용해야만 현명한 장수라 할 수 있을 것입니다.

제갈량의 북벌 때 일어난 일입니다. 서강(西羌)의 국왕 철리길(徹里吉)은 화친 관계에 있던 위나라의 청을 받아 재상이었던 아단과 월길에게 강족 오십만 병사를 내주어 서평관으로 가서 촉나라를 치라고 명령했습니다. 제갈량은 관흥과 장포, 마대를 보내 강족에게 맞서게 했습니다. 강족의 군대 행렬은 철거(鐵車)로 이어져 있었습니다. 강력한 철제 무기를 지닌 병사들의 기세는 대단히 위협적이었죠. 병력의 우위만으로는 도저히 강족을 당해낼 수 없는 상황이었으므로 제갈량은 강족을 물리칠 수 있는 묘책을 강구해야만 했습니다.

제갈량은 거센 바람과 폭설을 이용해 강족을 물리칠 계책을 세웠습니다. 관흥과 장포에게 병력을 매복시키라고 명령하고 강유에게는 강족의 철거병이 나타나거든 진채에 깃발만 꽂아놓고 무조건 퇴각하라고 일렀습니다. 눈이 하염없이 내리고 바람이 거세던 날, 월길이 철거병을 이끌고 나왔고 강유는 철거병을 보자마자 진채 뒤로 무조건 도망갔죠. 월길은 순간 혹시 함정에 빠지는 것은 아닌가 하고 망설였습니다. 하지만 제갈량과 강유가 눈보라 속으로 도망가는 모습을 목격하고는 이성을 잃은 채 미친 듯이 촉나라 군대를 뒤쫓았습니다.

산길은 눈에 뒤덮여 평지인지 언덕인지 구분할 수 없었습니다. 눈보라에 익숙하지 않은 강족은 물불 가리지 않고 촉나라 군대를 뒤쫓았고, 결국에는 촉나라 군사들이 곳곳에 파놓은 함정에 빠져 허우적거리거나 산에서 무너져 내리는 눈에 깔리고 말았습니다. 좌우에 매복해 있던 관흥과 장포의 군대가 이들에게 도망갈 기회를 주지 않고 매섭게 달려들었고, 결국 강족 군사들은 서로에게 깔려 죽거나 뿔뿔이 흩어져 달아나고 말았습니다.

강력한 철제 무기를 지닌 용맹하기 그지없는 강족을 이길 수 있었던 것은 제갈량의 지략 덕분입니다. 병력으로만 보면 제갈량에게 분명 불리한 전투였습니다. 그러나 그는 기후와 지형을 이용하는 지혜를 발휘했습니다. 큰 눈이 내리자 험한 지형을 함정으로 만들 수 있는 계기가 생겼고, 이를 적극 이용하기 위해 적을 유인해 혼란에 빠뜨렸습니다. 형세를 제어해 전략을 세우고 불리했던 전세를 전화위복의 계기로 활용한 것입니다. 반면 아단과 월길은 우세한 병력을 가지고도 변화하는 형세를 파악하지 못해 패배했습니다.

셋째, 감정을 자신에게 유리하게 이용할 수 있는 계기가 촉발되었는데도 이를 단호하고 결연하게 행동으로 옮기지 않으면 용맹하지 못한 것입니다. 싸우지 않고도 적을 화나게 하여 죽인다면 이는 촉발된 감정과 정세를 완벽하게 이용하는 최상의 방법이 될 것입니다.

《삼국지연의》에서는 인간의 감정과 심리를 이용해 승리하는 여러 사례가 등장합니다. 위나라 도독 조진과 부도독 사마의는 촉나라를 치고자 했지만 30일 동안이나 계속해서 폭우가 내려 난관을 겪고 있었습니다. 비 때문에 퇴각을 결정할 수밖에 없는 상황이었지만 사마의는 퇴각을 하고 나면 반드시 제갈량이 기산을 빼앗으리라고 예측했습니다. 정말로 촉나라 군대는 기산을 공격했고 경계를 늦추지 않았던 사마의에게 크게 패하고 맙니다. 그러나 경계를 소홀히 했던 조진의 진영은 결국 촉나라 군대에 대패합니다. 조진은 사마의의 지원으로 겨우 탈출에는 성공했지만 그 치욕을 씻을 길이 없었고, 그로 인해 화가 병이 되어 병상에 몸져눕고 맙니다. 제갈량은 정탐꾼에게서 위나라 도독 조진의 병이 깊다는 소식을 접했습니다. 유리한 상황을 놓칠 리 없는 제갈량은 투항한 위나라 군사들을 풀어주고 그들을 이용해 조진에게 서신을 한 편전하게 하죠. 부축을 받고 겨우 일어난 조진은 편지를 읽어 내려갑니다.

"한 승상 무향후 제갈량이 대사마 조진에게 쓴다. 장수 된 자는 버리고 취할 줄 알고, 부드럽고 단단할 줄 알며, 진격하고 후퇴할 때를 알고, 약함과 강함을 두루 펼칠 줄 알아야 한다. 높은 산처럼 움직이지 않으며 음양처럼 헤아리기 어렵고, 하늘과 땅처럼 무궁무진하며 큰 창고와 같이 차고 넘치고, 사해와 같이 드넓으며 해와 달과 별과 같이 찬란하게 빛날 줄 알아야 한다. …… 그런데 너처럼 배운 것 없는 후생이 하늘을 거슬러 나라의 반역자를 도와 나라를 찬탈하고 낙양에서 황제를 칭하고 있구나! 너희 군대는 야곡에서 대패해 도망치고 진창에서 장마를 만나 수륙(水陸)으로 곤경에 빠졌다. 병사와 말이 미친 듯이 날뛰며 갑옷과 창칼을 버리고 도망가니 땅에는 버려진 창과 칼로 가득했도다. 도독 사마의의 심장이 무너져 내리고 쓸개는 갈기갈기 찢길 듯한데, 너 조진은 쥐구멍을 찾아 황급히 도망가기에 바빴구나! 대체 관중의 어르신들을 무슨 낯으로 뵐 것이며, 승상부의 청당(廳堂)을 무슨 염치로 오를 것인가! 사관들은 붓을 들어 이 모든 일을 기록할 것이며, 백성은 입에서 입으로 이 일을 널리 전파할 것이다. 사마의는 전장에 나갈 때 무서워서 덜덜 떨고, 조진은 바람 소리만 들려도 허둥지둥 도망간다고 말이지! 우리 군대는 강하고 말은 늠름하며 대장은 범처럼 사납고 용처럼 질주하니 진천을 휩쓸어 위나라를 소탕해 황폐한 언덕으로 만들어버릴 것이다."

서신을 다 읽고 난 조진은 가슴 가득 화가 치밀어 오른 나머지 저녁이 되자 결국 군중에서 숨을 거두고 맙니다. 제갈량은 전투 한 번 치르지 않고 오직 적의 감정을 촉발시켜 오롯이 승리로 이끈 것입니다. 설사 이 이야기가 각색된 내용이라고 해도, 감정의 계기를 이용한 사례의 교훈으로 삼기에는 충분하고도 남음이 있습니다.

뛰어난 장수는 반드시 계기를 장악해 전투의 판세를 유리하게 만들 줄 압니다. 아군과 적군이 병력으로 우위를 셈할 수 없고, 아군의 장수도 적군의 장수도 모두 지혜로워 팽팽한 상황이라면, 반드시 계기를 이용해야 합니다. 세 가지 계기를 이용해 전투를 승리로 이끄는 장수가 진정 지혜로운 장수입니다.

위엄을 세우다: 중형(重刑)

〈중형〉에서는 《오자병법》을 인용해 어떻게 위엄을 세워야 하는지 설명합니다. 전쟁에서 장수는 절대적인 권한을 지니며 그 권한은 명령으로 실현됩니다. 장수가 명령을 내리면 병사들은 그에 즉각 따르되 정확하게 움직여야 합니다. 그 명령은 대부분 신호로 전달됩니다. 신호가 곧 명령이라고 해도 과언이 아니죠. 북과 금탁을 울려 청각을 자극하는 신호를 보내고 깃발을 올려 시각을 자극하는 신호를 보냅니다. 북과 금탁의 소리에 귀를 집중하고 깃발의 색깔과 모양에 눈을 집중해야만 신호를 알아들을 수 있습니다. 신호를 파악한 뒤 병사들은 그 신호에 따라 즉각적으로 반응할 수 있어야 합니다. 병사들이 신호에 따라 일사불란하게 움직인다는 사실은 명령이 잘 이행되고 있음을 말해줍니다.

> 오기(吳起)가 말했다. "북을 울리고 금탁(金鐸)을 치는 것은 귀로 위엄을 듣게 함이고, 깃발을 올리는 것은 눈으로 위엄을 보게 함이며, 명령과 형벌을 정하는 것은 마음으로 위엄을 느끼게 하는 것이다. 귀로 위엄을 듣게 하려면 소리가 명확하지 않으면 안 되고, 눈으로 위엄을 보게 하려면 모양이 분명하지 않으면 안 되며, 마음으로 위엄을 느끼게 하려면 형벌이 엄격하지 않으면 안 된다. 이 세 가지가 제대로 지켜지지 않으면 병사들은 태만해진다." 그러므로 병사들은 장수가 신호하는 대로 마음을 다해 따를 것이고, 장수가 지휘하는 대로 앞으로 나아가며 죽음을 불사할 것이다.

그런데 장수의 위엄은 병사들의 눈과 귀, 즉 신체적 움직임을 제어할 수 있는 데 그쳐서는 안 됩니다. 병사들의 마음까지도 통제할 수 있어야 합니다. 그래야 몸과 마음을 다해 장수의 신호와 지시에 집중할 수 있기 때문입니다. 병사들이 마음으로 위엄을 느낄 수 있도록 하는 것이 바로 명령과 형벌입니다.

북과 금탁, 깃발, 명령과 형벌은 병사들이 장수의 위엄을 느낄 수 있도록 하는 수단과 매체가 됩니다. 그러므로 소리는 명확하고 모양은 분명하며 명령과 형벌은 엄격해야 합니다. 소리가 명확하지 않으면 병사들이 아무리 신호에 집중하려고 해도 정확한 의미를 전달받을 수 없습니다. 그래서 싸움터에서는 원거리까지 소리가 잘 전달될 수 있는 타악기를 신호 도구로 삼는 것이죠. 깃발 역시 모양과 색깔이 분명해야 정확하게 위치와 명령을 파악할 수 있습니다. 병사들이 멀리서도 확인할 수 있도록 깃발에 부호나 그림, 색깔 등을 사용하는 것은 그 때문입니다. 북과 징, 깃발은 단순히 청각적 자극이나 시각적 효과를 넘어서 장수가 보내는 신호와 명령이 명확하고 분명해야 한다는 상징적인 의미를 내포하고 있습니다.

또한 마음으로 위엄을 느끼게 하기 위해 명령과 형벌을 정합니다. 명령과 형벌을 좀 더 자세히 살펴보면 금(禁)과 영(令), 형(刑)과 벌(罰)로 세분할 수 있습니다. 금이란 절대 해서는 안 되는 금지를 뜻하고, 영은 반드시 지켜야 하는 규율과 명령을 의미합니다. 형이란 신체적인 형벌을 가해 규율에 복종시킨다는 뜻이며, 벌이란 죄를 지은 사람을 큰 소리로 꾸짖거나 신체적인 자극을 준다는 의미입니다. 대체로 신체에 물리적인 힘을 가해 형을 주고 그 후에 수감하거나 감금하는 형태로 벌을 줍니다. 이처럼 명령은 반드시 해야 할 것과 절대 하지 말아야 할 것을 지켜 행하도록 한다는 뜻이며, 형벌은 죄의 경중에 따라 구분해 처벌한다는 뜻입니다. 규율과 명령은 예외 없이 실행되어야 합니다. 법을 어기면 벌을 주되 신분과 상관없이 공정하고 엄격하게 형벌을 적용해야만 병사들이 그 마음을 온전히 장수에게 바칠 수 있습니다.

만약 위 세 가지가 제대로 지켜지지 않으면 병사들은 태만해질 수밖에 없습니다. 태만하다는 뜻의 태(怠)는 마음 심(心)과 허물어진다는 뜻의 태(台)가 합쳐진 글자입니다. 장수의 위엄이 서지 않으면 병사의 마음가짐은 허물어집니다. 장수가 위엄을 세우기 위해서는 명령과 형벌을 공평하게 적용해야 하며, 그러지 못하면 병사의 마음은 허물어질 것입니다. 《장원》에서는 세 가지가 제대로 지켜지지 않으면 "병사들은 태만해질 수밖에 없다(士可怠也)"라고 되어 있지만 《오자병법》의 원문을 살펴보면 "그런 나라라면 반드시 적에게 패하고 만다(雖有其國, 必敗於敵)"라고 기록되어 있습니다. 위에서 언급한 세 가지가 제대로 지켜지지 않는 병사를 둔 나라라면 반드시 적에게 패한다는 뜻도 되고, 지금은 무너지지 않고 버티고 있지만 그러한 병사들을 둔 나라의 결말은 밝지 못하며 종국에는 적국에 패해 흩어지고 만다는 뜻으로도 해석할 수 있을 것입니다. 목숨이 경각에 달린 치열한 전쟁터에서 정신이 해이해진 병사들에게 무엇을 기대할 수 있을까요. 병사가 마음을 다해 장수를 따르지 않는데 어찌 눈과 귀를 집중할 수 있으며, 눈과 귀가 막힌 병사에게 신호를 보낸들 무슨 소용이 있을까요.

훌륭한 장수의 네 가지 요건: 선장(善將)

〈선장〉에서는 금지, 예절, 권면, 신의라는 네 가지 키워드를 통해 훌륭한 장수가 충족해야 할 요건을 제시하고 있습니다. 이 네 가지 요건은 장수가 군대를 이끌기 위해 지켜야 하는 큰 원칙으로 정의됩니다. 네 가지 요건을 갖출 수 있으면 훌륭한 장수요, 그렇지 못하면 그저 보통의 장수에 불과하죠. 그런데 사실 이 네 가지 키워드가 직접적으로 적용되어야 할 대상은 장수가 아니라 병사입니다. 장수 스스로가 지켜 행해야 하는 것이 아니라 병사들이 깨닫고 실천하도록 만들어야 할 원칙인 것입니다.

원문에서는 그 원칙의 중요성과 기능을 '그물의 벼리'라는 단어로 상징해서 설명합니다. 물고기를 좀 더 쉽게, 좀 더 많이 잡을 수 있으려면 그물망의 성능이 좋아야 합니다. 그물망의 성능을 좌우하는 것이 바로 벼리입니다. 벼리가 바로 서 있어야 언제 어디서든 그물을 펼쳐 던지고 당겨 거둬들이는 작업이 효율적일 수 있습니다.

'그물 자체'를 군사로 등치해서 본다면 금지, 예절, 권면, 신의는 탄탄하며 유기적이고 성능 좋은 그물의 '망'이 됩니다. 장수가 군사들을 금지, 예절, 권면, 신의로 이끄는 방법, 즉 벼리의 구실을 담당하는 것이 바로 명시, 권유, 중시, 결행입니다. 벼리가 그물의 기능을 유지하는 데 절대 없어서는 안 되는 가장 본질적이고 중요한 조절 장치이기에, '벼리'라는 의미를 지닌 기(紀)와 강(綱)이라는 글자는 합쳐서 인간이라면 '반드시' 지켜야 할 가장 기본적인 도덕과 규범을 지칭합니다.

옛날에는 훌륭한 장수의 요건으로 네 가지를 꼽았다. 첫째, 진퇴를 명시해 금지하는 바를 알게 했다. 둘째, 인의로 권유해 예의를 알게 했다. 셋째, 시비를 중시해 권면할 바를 알게 했다. 넷째, 상벌을 결행해 신의를 알게 했다. 금지, 예절, 권면, 신의는 군대를 이끄는 큰 원칙이다. 그물의 벼리를 바로 세웠다면 그물망이 제대로 펴지지 않는 법이 없다. 그래서 싸우면 틀림없이 이기고 공격하면 반드시 함락할 수 있었다. 보통의 장수는 그렇게 하지 못한다. 퇴각할 때는 멈추게 하지 못하고 진격할 때는 그치게 하지 못하기 때문에 군대와 더불어 망하는 것이다. 권면하지 않고 계율이 없으면 상과 벌에 원칙이 사라져서 사람들이 무엇을 믿어야 할지 알 수 없게 된다. 그래서 현명하거나 어진 인재는 물러가 숨고 아첨하거나 미련한 자들만 등용된다. 그러니 전투를 벌이면 반드시 패해 흩어진다.

"싸우면 틀림없이 이기고 공격하면 반드시 함락할 수 있는" 백전백승의 군대가 가진 비결, 그것이 바로 군사들이 실천해야 하는 네 가지 키워드이며 그것을 바로 세울 수 있는 장수의 핵심적인 용병 기술이 바로 명시, 권유, 중시, 결행입니다. 훌륭한 장수가 되기 위해 병사들이 꼭 알도록 해야 하는 구체적인 요건은 다음과 같습니다.

첫째, 진퇴를 '명시'합니다. 그러면 병사들이 금지하는 바를 알게 됩니다. 금지하다의 금(禁)은 '견디고 이겨내다' '억제하다' '삼가다' '계율'이란 뜻이 있습니다. 즉 나아가고 물러남을 확실히 보여주면 군대의 규율이 제대로 지켜지고 병사들이 하지 말아야 할 일을 하지 않도록 통제할 수 있습니다. '나아가고 물러나는' 것에는 때와 방법이 모두 포함됩니다. 잘 훈련된 군대의 정연함을 집중적으로 서술하고 있는 〈정사〉를 보면 기율이 바로 선 군대는 평시라고 해도 군사들의 행동이 흐트러지지 않으며 전시라고 해도 지나치게 긴장하지 않습니다. 즉 평시와 전시 상황에서 한 치의 오류도 없는 '개별적인 전체가 하나와 같은' 군대를 형상화합니다. 〈선장〉에서 언급하고 있는 전투 상황에서도 마찬가지죠. 언제 나아가고 물러날지, 어떻게 나아가고 물러날지 확실히 정하기 위해서는 병사들이 혼동하지 않도록 정확한 지시를 내려야만 합니다. 시(示)는 '지시하다'라는 뜻 말고도 '보다' '보이다'란 뜻을 가지고 있습니다. 즉 말로 지시하되 눈으로 보는 것처럼 명확한 명령을 내려야 한다는 의미입니다. 이 원칙을 지킬 수 있어야만 훌륭한 장수라고 할 수 있습니다.

둘째, 인과 의로 '권유'합니다. 그러면 병사들이 예의를 알게 됩니다. 권유하다의 유(誘)는 '인도하다' '가르치다'라는 뜻 말고도 '달래고 권하다' '감동하다' '아름답다' '저절로 되다' 등의 뜻을 가지고 있습니다. 즉 장수가 어질고 의로운 마음에 따라 행동하면 병사들은 저절로 그 모습에 감동하여 예의를 지켜 행하게 된다는 뜻입니다. 예란 예우하고 공경하는 마음이며, 예의는 그러한 마음을 언행으로 표현해내는 일체의 행위입니다. 병사가 예의를 알게 된다면 장수의 명령을 가벼이 여기거나 속되게 행할 리 없겠죠.

셋째, 시비를 '중시'합니다. 그러면 병사들이 권면하게 됩니다. 옳고 그름을 명백히 따져 병사들을 훈계할 수 있으려면 장수 스스로 올바른 도덕적 가치를 확립하고 확고한 시비 기준을 세워 행동할 수 있어야 합니다. 시비의 기준이나 적용 대상과 방법, 그리고 적용 강도가 시시때때로 변해서도 안 될 일입니다. 권면하다의 권(勸)은 소리를 지르며 힘을 합해 함께 일한다는 뜻을 가지고 있습니다. 장수가 시비를 명확히 하고 또 중시한다면 병사들은 자연히 서로 기운을 북돋우며 마음을 합하게 된다는 의미를 내포하죠. 반면 무능한 장수는 옳고 그름을 중시하지 않으니, 그의 곁에 현명하거나 어진 인재들이 남아 있을 리 없습니다. 인재가 물러나 숨고 아첨하거나 미련한 자만 등용된다면 군대가 전투에서 패해 흩어지는 것은 당연한 수순입니다. 그러므로 장수는 자신만의 잣대로 시비를 가름하거나 독단적으로 판단해 병사들의 원성을 사는 일이 없도록 해야 합니다.

넷째, 상벌을 '결행'합니다. 그러면 병사들이 신의를 알게 됩니다. 결행한다는 것은 결단코 실행한다는 의미입니다. 상벌의 중요성은 여러 병법서에서 반복적으로 강조하고 있는 부분입니다. 상벌은 조직 운용 방법의 기본 뼈대이기 때문입니다. 상을 주는 것은 공을 세우도록 독려하기 위해서고, 벌을 주는 것은 군대의 기율을 바로잡기 위해서죠. 상벌은 반드시 그리고 공평하게 내리되 어떤 경우에 상벌을 주는지 군사들에게 명확히 알려야 합니다. 그래야 군사들이 용감하게 싸우는 한편으로, 무엇을 해서는 안 되는지 인지할 수 있습니다. 상벌의 기본 원칙을 철저히 지키면 병사들은 반드시 장수를 신뢰합니다. 만약 기준이 모호하거나 제대로 적용되지 않는다면 병사는 장수를 믿지 못하게 됩니다. 믿음을 잃은 병사들이 마음을 하나로 모을 리 없죠.

이처럼 금지, 예절, 권면, 신의는 군대를 이끄는 큰 원칙입니다. 큰 원칙(大經)이란 가장 중심이 되는 원칙이란 뜻입니다. 이런 원칙이 기둥처럼 든든하게 버티고 있으면 나머지 세부 항목도 튼튼하게 가지를 뻗어나갈 수 있습니다. 장수와 병사의 관계는 다분히 상호 영향적입니다. 장수가 명시, 권유, 중시, 결행을 통해 명확히 군대를 이끌면 군사들은 금지, 예절, 권면, 신의로 응답합니다. 반대로 장수가 이러한 원칙으로 군대를 이끌지 않으면 군사들은 장수의 무엇을 믿고 따라야 할지 알지 못하게 됩니다.

위엄과 공적의 근본: 심인(審因)

〈심인〉에서는 승리의 근원, 즉 장수가 전공을 세우고 무위를 떨치기 위해 구해야 할 근원을 논합니다. 장수가 이 근원을 얻기만 하면 그는 전설 속 황제와 다투면서도 위엄을 세울 수 있고, 아득한 역사 속 성군인 은나라 탕왕이나 주나라 무왕과 승부를 겨루더라도 공적을 쌓을 수 있다고 말하죠.

사람의 형세에 따라 악을 정벌하면 황제(黃帝)라도 그와 위엄을 다투지 못한다. 사람의 의지에 따라 승부를 가리면 은탕왕이나 주무왕이라 해도 그와 공적을 다투지 못한다. 위엄과 공적의 근본을 파악해 위업과 승리를 더하면 만 명을 거느리는 뛰어난 장수도 손에 넣을 수 있고 천하의 영웅호걸도 모두 거두어 통솔할 수 있다.

그렇다면 그 근원은 무엇일까요? 원문에서는 그것을 '사람의 형세(人之勢)'와 '사람의 의지(人之力)'로 표현했습니다.

세(勢)는 원래 높은 곳에서 둥근 물체가 구르는 모양(執)과 힘(力)이 합쳐진 글자입니다. 물체가 높은 곳에서 굴러 내려오는 힘, 즉 자연적인 중력을 가리킵니다. 물이 높은 곳에서 낮은 곳으로 흐르고, 사과가 나무에서 떨어지는 것은 모두 중력의 작용입니다. 이런 힘의 작용은 억지로 막으려고 애를 써도 막기 어렵습니다. 조수를 거슬러 헤엄치거나 역풍을 맞으며 배를 모는 일은 어리석습니다. 사람의 형세도 마찬가지죠. 모두가 적을 따르는데 내가 적을 이길 수 없고, 모두가 나를 따르는데 적이 나를 이길 리 없습니다. 사람의 형세라는 것은 사람들의 마음이 향하는 방향을 의미합니다. 사람들의 마음이 향하는 바에 따라 구체적인 정황도 변화하기 마련이죠. 따라서 사람들의 의향을 읽고 그에 따라 변화하는 정황을 파악하는 것이야말로 정세를 이롭게 활용하는 지혜의 근간입니다. 이처럼 정세를 파악하고 활용할 줄 아는 장수라면 전설 속 황제라 해도 더불어 위엄을 다투지 못할 게 분명합니다.

역(力)이라는 글자는 원래 쟁기나 가래 등 농기구의 형상을 본떴다고도 하며, 이러한 기구를 사용할 때 불거지는 팔뚝의 모양을 본떴다고도 합니다. 모두 자연을 거스르는 사람의 의지와 노력을 가리킵니다. 조수를 거슬러 헤엄치거나 역풍을 맞으며 배를 모는 일은 어리석습니다. 하지만 여러 사람의 힘은 천 길 낭떠러지에도 다리를 놓고 강을 거슬러 배를 오르게도 하는 법입니다. 사람들의 의지가 모여 행하는 일이라면 역사 속 성군들이라 해도 막아설 수 없습니다. "사람의 일을 다한 뒤에야 하늘의 뜻을 기다린다(盡人事待天命)"라고 하지 않던가요! 승패를 결정짓는 것은 하늘이 정한 운명일지 모릅니다. 그러나 사람의 일은 결국 사람의 힘으로 이루어집니다. 사람을 이롭게 하는 것도 사람이고, 사람을 해롭게 하는 것도 사람입니다.

사람의 형세든 사람의 의지든, 언제나 근원은 사람입니다. 사람을 떠나서는 위엄도 공적도 존재하지 않습니다.

형세를 파악하고 인재를 모아라

———————

제 3 장

세 가지 형세를 파악하다: 병세(兵勢)

　《장원》의 후반부라 할 수 있는 〈병세〉부터는 장수가 전략과 전술을 수립할 때 고려해야 할 사항이 전개됩니다. 전쟁의 승패에 영향을 미치는 요소는 매우 다양하겠죠. 하지만 크게 보면 하늘, 땅, 사람이라는 세 가지 큰 틀에서 벗어나지 않습니다. 일찍이 순자는 "위로는 하늘의 절기를 놓치지 않고, 아래로는 지리의 이로움을 놓치지 않으며, 가운데로는 사람들이 화합하면 뜻대로 되지 않는 일이 없을 것이다"라고 말했습니다. 또한 손자는 "적을 알고 나를 알면 위태롭지 않게 승리하고, 하늘을 알고 땅을 알면 완전한 승리를 거둘 수 있다"라고 말했죠.

　하늘, 땅, 사람이라는 세 가지 요소를 전술적으로 활용하면 어떤 싸움이든 본인에게 유리한 전투로 이끌 수 있습니다. 이는 위에서 살펴본 것처럼 역대 병법가들이 공통적으로 강조한 내용입니다. 《장원》 역시 이러한 관점을 따릅니다.

군대를 이끌 때 파악해야 하는 형세에는 세 가지가 있다. 첫째는 하늘의 형세, 둘째는 땅의 형세, 셋째는 사람의 형세이다. 하늘의 형세를 파악한다는 것은 해와 달이 청명한지, 오성(五星)이 제 위치에 있는지, 재앙을 예고하는 불길한 혜성이 나타나지 않는지, 바람의 기운이 조화로운지 살피는 일이다. 땅의 형세를 파악한다는 것은 지세가 얼마나 험준하고 가파른 절벽으로 겹겹이 둘러싸여 있는지, 물길이 어디까지 이르고 물살이 얼마나 거센지, 협곡이나 동굴은 어디에 얼마나 있는지, 좁고 구불구불한 길이 어디로 어떻게 나 있는지 살피는 일이다. 사람의 형세를 파악한다는 것은 군주가 어질고 장수가 현명한지 전군이 예에 따라 행하는지, 병사들이 명령대로 움직이는지, 군량과 무기가 충분히 갖춰졌는지 살피는 일이다. 유능한 장수는 하늘의 형세에 따르고 땅의 형세에 부합하며 사람의 형세에 의거해 군대를 이끈다. 그러니 가는 곳마다 맞설 자가 없고 공격할 때마다 완전한 승리를 거두지 않을 리 없다.

하늘의 형세를 이용한다는 것은 기상과 천문을 살펴 전략과 전술에 반영하는 것입니다. 흥미로운 사실은, 하늘의 형상을 살피는 것이 단순히 천체 관측을 통해 방향이나 기상을 예측하는 범위에 그치지 않는다는 점입니다. 고대 중국에서는 해와 달의 모습을 살펴 국가의 여러 징후를 예측하곤 했습니다. 오성이 제 위치에 있는지 살피는 일도 같은 이유에서죠.

조유(趙蕤)의 저작 《반경》〈천시(天時)〉 편에는 "태백성(금성), 세성(목성), 진성(수성), 형혹성(화성), 전성(토성) 등 다섯 별의 빛을 살피며, 일식과 월식을 관찰하고, 태백성을 중심으로 진성의 위치를 살펴야 한다. 태백성과 진성이 같은 하늘에 나타나면 반드시 전투가 벌어지고, 다른 하늘에 나타나면 전투가 없다는 징조다"라는 구절이 나옵니다. 천문과학이 발전하지 않았던 시절에는 혜성 역시 하늘의 질서를 어지럽히는 불길한 징조로 간주되었습니다. 천체의 이변을 하늘의 뜻이라 여기는 해석은 하늘과 인간이 서로 교감한다는 천인감응설을 기반으로 한 우주론적 세계관에서 비롯했습니다.

이로써 하늘의 형상을 살핀다는 것은 천체를 관측하는 행위를 의미하는 것은 물론, 천체 관찰을 통한 인문사회 예측과 파악의 기능을 대행하는 것임을 알 수 있습니다. 강태공이 "군영에 세 사람의 천문관을 두어 풍수와 천기를 점쳐 하늘의 뜻을 알아본다"라고 한 것은 병법에 하늘의 형세를 반영해왔다는 오랜 반증입니다. 제갈량의 화려한 데뷔 무대였던 적벽대전은 하늘의 형세, 특히 기상의 변화를 활용해 불리한 전투를 완벽한 승리로 뒤바꾼 대표적 사례입니다. 제갈량은 겨울철 동지 전후 장강 일대에 사나흘씩 바람의 방향이 바뀐다는 사실을 알고 있었지만 조조와 주유는 알지 못했습니다. 하늘의 형세를 읽어낼 줄 알았던 제갈량의 명석함이 적벽대전의 승패를 가른 것입니다.

전장의 지형과 지리 조건이 같다고 하더라도 공격과 수비에 따라 각각 다른 전술이 필요함은 물론입니다. 함락하거나 사수하려는 성이 어떤 지세에 위치하고 있는지 살피는 것은 전투에 소요될 시간을 셈하는 데 도움이 됩니다. 그러면 군량이 얼마나 필요한지 가늠할 수 있고 계책의 윤곽도 잡힐 것입니다. 물길이 어디까지 이르고 물살이 얼마나 거센지 살피는 일은 수군을 활용할 때 반드시 선행되어야 합니다. 협곡이나 동굴이 어디에 어떻게 자리 잡고 있는지 파악하는 일은 매복 전술을 세우기 전에, 좁고 구불구불한 길이 어디로 어떻게 나 있는지 살피는 일은 진격로와 퇴각로를 정하기 전에 우선 확인해야 할 사안입니다.

제갈량이 유비에게 제안했던 천하삼분지계(天下三分之計)의 내용을 살펴보면 그가 지리에 밝았다는 사실을 잘 알 수 있습니다. 그는 동으로 손권과 연합하고 서로는 형주와 익주를 근거지로 삼아 남으로는 이(夷)·월(越)과 화친하고 북으로는 조조에게 대항하면서 기회가 오기를 기다려 중원을 도모해야 한다고 충고했습니다. 당시의 정치적 상황과 더불어 지리적 특징까지 고려한 계책이었죠.

사람의 형세를 살피는 것은 군주의 정치력, 장수의 통솔력, 군대의 기강, 군량과 무기의 대비 상황 등을 살펴 전략과 전술에 반영하는 것을 의미합니다. 군주가 어질고 장수가 유능한지 살피는 것은 국가 정세와 임용된 인재의 능력을 살피는 일입니다. 전군이 예에 따라 행하고 병사들이 명령에 따라 움직이는지 살피는 것은 군대의 기강을 살피는 일입니다. 군량과 무기가 충분히 갖춰졌는지 살피는 것은 전투에 필요한 물자가 충분한지 살피는 일입니다. 군대 안팎의 상황을 살피고 적군과 아군의 전력을 비교해야 효율적인 전술을 수립할 수 있습니다.

사람이 안정되어 있지 못하면 아무리 천시와 지리가 갖춰졌다고 해도 그 두 가지가 제 몫을 다 해낼 수 없습니다. 그런 까닭에 맹자는 기상과 지리적 요건도 중요하지만 사람의 화합을 승리의 제일 요소로 꼽았습니다. 〈병세〉에서는 하늘, 땅, 사람 중에서 어느 것이 더 중요하다고 명시하지는 않았습니다. 하지만 《장원》의 전반적인 내용을 살펴보면 인적 요소를 가장 중시한 것으로 보입니다.

세(勢)는 정치로부터 경제, 전략과 전술에 이르기까지 하나의 큰 흐름을 의미합니다. 동시에 그 흐름을 자신에게 이롭게 만든다는 의미도 있습니다. 하늘의 형세에 따르고 땅의 형세를 이용하며 사람의 형세에 의거해 전쟁에 임해야 한다는 것은 무엇을 뜻할까요. 결국 하늘, 땅, 사람의 요소를 파악한 뒤 이해득실을 따져 아군에게 유리하게 적용하라는 말입니다. '형(形)'이 힘의 정적인 상태를 가리킨다면 '세'는 그 '형'이 움직이면서 생기는 폭발적인 힘의 작용에 중점을 둡니다. 손자는 "적과의 싸움에서 승패를 가르는 것은 세에 있다"라고 했습니다. 훌륭한 장수는 하늘과 땅과 사람의 요소를 '형'의 상태로만 파악하는 것이 아니라 '세'로 활용할 줄 아는 자입니다. '세'를 형성하기 위해서는 하늘, 땅, 사람 요소

를 고려한 전략을 세우고 결정적 지점에서 적이 예기치 못한 순간
에 공격해야 합니다.

필승과 필패의 징후를 포착하다: 승패(勝敗)

〈승패〉는 군대에서 이상적인 리더십이 구현됐을 때의 모습과
리더십이 부재할 경우의 상황을 대비하는 방식으로 보여줍니다.

> 현명한 인재가 위에 있고 그에 미치지 못하는 자가 아래에 있으며
> 전군이 화목하고 병사들은 삼가 명령에 복종한다. 용감하게 싸울
> 것을 서로 논의하고 무위(武威)를 떨치기를 서로 바라며 상과 벌로써
> 서로 권면한다. 이는 반드시 승리할 징후이다.
> 병사들이 태만하고 전군이 자주 요동하며 부하들이 예의와 신용을
> 지키지 않고 군법을 두려워하지 않는다. 모두 적을 두려워하고 모
> 두 제 이익만 이야기하며 모두 화복(禍福)을 빌기만 하고 모두 요사
> 스런 말에 현혹된다. 이는 패할 수밖에 없는 징후이다.

〈승패〉에서 제시한 필승의 군대는 다음과 같은 특징을 가지고
있습니다. 첫째, 현명한 인재가 위에 있고 그에 미치지 못하는 자
가 아래에 있습니다. 이는 현명함을 기준으로 인사가 공정하게 이
루어졌으며 위계질서가 명확히 잡혀 있다는 것을 의미하죠. 불초

(不肖)란 못나고 어리석은 사람을 뜻합니다. 현명한 인재가 윗사람으로서 잘 이끌면 불초한 사람도 제 몫을 해낼 수 있습니다.

둘째, 전군이 화목하고 병사들이 명령에 복종합니다. 예(禮), 신(信), 법(法)이 제대로 지켜지는 군대의 이상적인 모습입니다. 사람들이 예에 따라 행동하고, 조직의 비전과 서로에 대한 확고한 믿음이 있으며, 법에 따라 삼갈 줄 압니다. 군대 안의 모든 사람이 친하게 지내면서도 도를 넘지 않고, 자율적이면서도 통제에 잘 따른다면 목표한 바를 달성하지 못하는 일은 없을 겁니다.

셋째, 용감하게 싸울 것을 서로 논의하고 무위를 떨치기를 서로 바라며 상과 벌로 서로 권면합니다. 이는 조직 구성원 모두가 리더가 제시한 조직의 비전에 동의했을 때 취할 수 있는 행동입니다. 구성원이 한마음 한뜻으로 뭉쳐 의견을 모으고 서로를 독려하며, 성과가 있을 때 그 공을 다투려 하지 않는다면, 그러한 조직은 반드시 성공할 것입니다.

이와 반대로 패하는 군대는 다음과 같은 특징을 가지고 있습니다. 첫째, 병사들이 태만하고 전군이 자주 요동합니다. 병사들이 게을러 자기가 해야 할 일에 태만하면 군대 전체가 흔들립니다. 개인의 태만함이 조직 전체의 태만함으로 번지기 때문입니다. 그렇게 되면 작은 일에도 전군이 요동칩니다. 평상시에 작은 일에 소란을 피우면 정작 온 힘을 쏟아야 할 전투에서는 제 기량을 발휘할 수 없습니다.

둘째, 부하들이 예의와 신용을 지키지 않고 군법을 두려워하지 않습니다. 이는 예, 신, 법 가운데 하나도 제대로 지켜지지 않는 상태를 말합니다. 구성원 간의 단결도 이루어지지 않습니다. 조직의 기강도 바로잡을 수 없다면 그 조직은 모래성처럼 무너지기 쉽습니다.

셋째, 모두 적을 두려워하고 모두 제 이익만 이야기하며 모두 화복을 빌기만 하고 모두 요사스러운 말에 현혹됩니다. 병사들이 공포심을 다스리지 못하면 용감하게 싸울 생각 대신 제 목숨 보존할 궁리만 하게 됩니다. 이런 군대는 병력이 아무리 많아도 오합지졸에 불과하죠. 군법이 제 기능을 못하고 군령이 위엄을 잃으면 병사들은 군대 전체의 이익이 아닌 개인의 이익만을 추구하려 들 테죠. 사사로운 이득에만 관심을 두는 조직은 발전 가능성이 희박합니다.

패할 수밖에 없는 군대에는 장수에 관한 내용이 등장하지 않습니다. 이는 리더십의 부재를 의미합니다. 필승과 필패의 군대를 구분 짓는 것은 다름 아닌 장수의 리더십입니다. 장수의 리더십이 제대로 발휘되는지가 조직의 미래를 결정짓는다는 말입니다. 그래서 조조의 책사 곽가는 원소와 조조의 리더십을 비교해 싸우기도 전부터 관도대전의 승패를 예견할 수 있었습니다. "모든 일의 성패는 리더십에 달려 있다"라는 존 맥스웰의 말은 여기에서 다시 한 번 입증됩니다.

절대적 권한을 쥐다: 가권(假權)

《장원》의 첫 장에서 정의하기를 "병권이란 군대 전체의 생사를 좌우하는 권한이자 최고지휘관의 권위"라고 했습니다. 〈가권〉은 그러한 병권의 범위를 다루면서 장수에게 전권을 위임해야 하는 이유와 당위성을 일깨웁니다. 병권이 장수에게 제대로 부여되지 않았을 때 발생하는 폐단을 다양한 비유와 사례를 들어 서술함으로써 병권의 출발점이자 핵심이 실은 상벌 권한에 있음을 강조합니다. 흥미로운 사실은 전권을 위임받은 장수가 범할 수 있는 권한 남용에 대한 위험성도 함께 전달하고 있다는 점입니다.

> 장수는 인명을 쥐고 있으며 성패를 가름하고 화복을 좌우하는 존재이다. 그러나 군주가 장수에게 상벌의 권한을 부여하지 않는다면 원숭이의 손발을 묶어놓고 빨리 나무를 타고 오르라고 재촉하는 것과 같으며 이루(離婁)의 눈을 아교로 붙여놓고 청색과 황색을 구별하라는 것과 같다. 모두 불가능한 일이다.
>
> 만약 상벌의 권한을 권신(權臣)에게 주고 장수에게 일임하지 않는다면 부하들은 그저 제 이익만 탐할 것이니 그 누가 전의를 불태우겠는가? 이와 같다면 장수가 비록 이윤(伊尹)이나 강태공(姜太公) 같은 지략을 지니고 한신(韓信)이나 백기(白起) 같은 공적을 쌓았다 해도 스스로를 지키기 어려울 것이다.
>
> 그러므로 손무(孫武)는 "장수가 출정하면 군주의 명령을 받지 않아도

된다"라고 말했고, 주아부(周亞夫)는 "군영에서는 천자의 조칙이 아니라 장수의 명령을 들어야 한다"라고 말한 것이다.

《한비자(韓非子)》〈이병(二柄)〉에 따르면 훌륭한 군주는 신하를 부릴 때 두 가지 권한만 사용한다고 했습니다. 이 두 가지 권한이 바로 형벌과 포상입니다. 상벌이야말로 모든 조직의 흥망성쇠를 결정짓는 기본적인 틀입니다. 이 권한에 대한 장악 여부가 모든 일의 성패를 좌우합니다. 앞서 〈출사〉에서 국가에 위기가 닥쳤다고 판단되면 군주는 목욕재계해서 몸과 마음을 정화하고 당면 과제를 해결할 적임자를 선발한다고 했습니다. 그렇게 선발된 인재에 대한 비유가 바로 원숭이와 이루입니다.

누구보다도 빨리 나무를 타고 오르는 재주를 가진 원숭이에게 필수적인 도구는 손과 발입니다. 그런 원숭이에게 손발을 묶어놓고 나무를 타고 오르라고 재촉하는 것은 어불성설입니다. 이주(離朱)라는 별칭으로도 불리는 전설 속 인물 이루는 백 보 밖에서도 가는 털을 볼 수 있을 정도로 눈이 밝았다고 합니다. 그러나 아무리 시력이 좋은 이루라 해도 눈을 가려놓는다면 코앞에 있는 색조차 구별하지 못합니다. 범인(凡人)의 능력을 뛰어넘는 원숭이와 이루만이 가진 장점을 발굴하는 것, 또 여기에 그치지 않고 장점이 극대화되도록 뒷받침해주는 것. 이런 게 바로 직무에 합당한 최적의 권한을 부여하는 일입니다.

〈출사〉에서 군주는 다소 과해 보일 만큼 장황하게 임명식과 출정식을 거행한다고 했습니다. 이는 선택된 인재에게 공식적인 권위를 부여하는 과정을 가시적으로 보여줌으로써 군을 통솔하는 전권이 장수에게 있음을 공표하는 행위에 다름 아닙니다.

이런 이상적 본보기가 바로 원문에서도 언급하고 있는 주아부의 군대입니다. 북방 흉노가 변경을 침범하자 한문제는 유례(劉禮), 서려(徐厲), 주아부를 파견해 공격에 방비할 것을 명했습니다. 장병의 사기를 북돋아주고자 한문제가 직접 행차에 나선 일이 있었는데, 유례와 서려의 부대는 무기를 내려놓고 황제의 행차를 극진히 맞이했습니다. 그러나 주아부 군영의 문지기는 "군에서는 장군의 명만 따른다"라는 말만 반복하고 황제의 호위대장이 다그쳐도 절대 문을 열어주지 않았습니다. 결국 군주는 천자의 상징인 부절을 사신에게 딸려 보내 신분을 확인하는 번거로운 절차를 거쳐야 했고, 주아부의 허락이 떨어지고서야 간신히 군영에 들어설 수 있었습니다.

군주가 감내해야 했던 불편함은 여기서 그치지 않습니다. 군주는 군영을 어지럽히지 않도록 군영 안에서도 있는 듯 없는 듯 조심스럽게 서행해야 했습니다. 주아부 자신도 갑옷을 두르고 병기를 든 채 군법에 따른 예만 갖춰 황제를 맞이했습니다. 군주는 자신의 명령과 존재가 쉽게 받아들여지지 않는 상황을 마주하며 한편으로는 적잖이 당황했을 테지만, 다른 한편으로는 가장 일선에 있는 문지기에게까지 주아부의 명령이 정확히 하달되고 있는 모습을 목격하고 상당히 믿음직하기도 했을 것입니다. 군주가 방문한 황공한 순간에도 빈틈을 노출하지 않는 삼엄한 군기(軍紀)를 확인했으니 무엇이든 믿고 맡길 수 있다는 굳건한 신뢰가 저절로 형성되지 않았을까요.

전장은 생사가 오가는 곳입니다. 그래서 군의 위계질서가 무엇보다도 중요합니다. 상명하복의 원칙이 무너지면 장수와 부하 개개인의 능력치가 아무리 높아도 그 부대는 결국 와해되고 맙니다. 이윤과 강태공 같은 지략과, 한신과 백기와 같은 공적이 있더라도 제 몸조차 지키지 못하게 된다는 것은 바로 이를 두고 한 말입니다. 주아부의 일화는 군 통제권을 완벽하게 장악한 장수가 어떤 권위를 보여줄 수 있는지 말해줍니다. 그래서 군주는 군대와 관련한 모든 권한을 장수 한 사람에게 일임합니다. 만약 그 권한이 전장에서 멀리 떨어져 있는 조정 권신에게 주어졌다면 부하들은 장수의 말에 복종하지 않고 제 살 궁리만 도모할 것입니다. 설사 죽음을 각오하고 싸운다 해도 승리를 장담하기 어렵습니다. 그러면 국가 존립 자체가 위태로울 수밖에 없습니다. 이것이 장수에게 전권을 부여해야 하는 이유입니다.

또한《장원》은 전권을 부여받은 장수가 자칫 범할 수 있는 권력 남용에 대한 위험성을 '가권'이라는 제목을 붙여 경고합니다. 가(假)에는 '부여하다' 말고도 '빌려주다' '임시'라는 뜻이 있습니다. 병권이란 장수에게 그냥 주는 것이 아니라 '잠시' 내주는 것입니다. 그러므로 장수는 맡은 바 소임을 다하되 그 권한을 함부로 쓰지 않도록 균형을 잡아야 합니다. 군주 역시 불필요한 견제와 간섭을 자제함으로써 장수가 최대한 역량을 발휘할 수 있도록 협조해야 합니다. 전투의 승패에 대한 책임은 오롯이 장수가 짊어져야 할 몫이 아닙니다. 군주를 포함한 조정 전체가 분담해야 합니다. 리더가 부하에게 업무를 맡길 때는 반드시 그에 상응하는 권한과 책임을 동시에 부여해야 합니다. 그러나 부하가 마음껏 능력을 발휘할 수 있는 토대를 마련해주는 한편으로 업무 실행 과정에 지속적인 관심을 표명하며, 책임에 대한 부담을 덜어주어야 합니다. 이것 역시 리더가 담당해야 할 몫입니다. 리더가 이들 사이에서 완벽한 균형을 유지할 수 있다면 부하가 전권을 남용하는 일은 발생하지 않을 것입니다.

병사들을 따르게 하는 법: 애사(哀死)

〈가권〉에서 상세히 묘사하고 있는 것처럼 군주에게 통솔권을 부여받은 장수의 지위는 감히 누구도 넘볼 수 없을 만큼 높습니다. 하지만 권한을 가지고 있다고 해서 병사들의 마음까지 얻을 수 있는 것은 아닙니다. 장수의 권위가 제대로 발휘되기 위해서는 병사들로부터 자발적인 복종을 이끌어낼 수 있어야 합니다.

직권은 위로부터 부여받을 수 있지만 위신은 하루아침에 세워지는 게 아닙니다. 따르는 자가 없다면 아무리 '장수의 권위'를 외친다고 해도 소용이 없습니다. 리더가 구성원 개개인을 소중히 여기며 자신의 철학과 비전, 설득과 대화로 이끈다면 조직에 강한 결속력이 생겨 어떤 난관에 부딪혀도 쉽게 와해되지 않습니다. 그러나 리더가 권력으로 영향력을 행사하려고 한다면, 자신이 원하는 방향으로 일을 추진할 수 있을는지 몰라도 조직 관계는 위태로워집니다.

관계 맺음의 중요성은 앞서 〈장선〉에서도 언급된 바 있습니다. 〈장선〉에서는 훌륭한 장수라면 "무리를 안정시킬 수 있어야 한다"라고 했고, 또 "모두의 마음을 하나로 모을 수 있어야 한다"라고도 했습니다. 이는 장수 개인 차원의 문제가 아닌 조직 전체에 관련된 요구 사항입니다. 무리를 안정시키려면 엄하게 통제할 줄도 알아야 하지만, 병사들의 마음을 다독일 줄도 알아야 합니다. 마음을 하나로 모으려면 끊임없는 격려가 필요합니다.

옛날에 유능한 장수는 부하를 대할 때 마치 자기 자식을 대하듯 했다. 어려운 일이 있을 때는 앞장서고 공로가 있을 때는 뒤로 물러났다. 부상을 당한 자가 있으면 눈물로 위로했고, 죽음을 당한 자가 있으면 애도하며 장례를 치러주었고, 굶주린 자가 있으면 자신의 음식을 내주었고, 추위에 떠는 자가 있으면 자신의 옷을 벗어주었다. 지혜로운 자에게는 예를 다해 녹봉을 주고 용감한 자에게는 상을 주어 격려했다. 장수가 이렇게 할 수 있다면 가는 곳마다 반드시 승리할 것이다.

《맹자》〈이루(離婁)〉 하편에 "군주가 신하를 자신의 손과 발처럼 여긴다면 신하는 군주를 자신의 배와 심장처럼 여길 것이고, 군주가 신하를 개나 말처럼 여긴다면 신하는 군주를 나라 안의 한낱 필부로 여길 것이며, 군주가 신하를 흙이나 지푸라기처럼 여긴다면 신하는 군주를 원수로 여길 것이다"라는 말이 있습니다. 사람은 상대와의 관계를 통해 존재 의미를 찾기 마련입니다. 상대가 나를 귀하게 여기면 나도 상대를 존중하고, 상대가 나를 천하게 여기면 나도 상대를 경멸할 것입니다. 따라서 상대에게 대우를 받고 싶다면 먼저 상대를 대우할 줄 알아야 합니다.

맹자의 말은 장수와 부하와의 관계에도 똑같이 적용됩니다. 장수가 부하들을 어떻게 여기고 대하느냐에 따라 장수는 부하들에게 다른 의미로 다가서게 됩니다. 한결같은 은혜를 베푼다면 병사들은 장수를 아버지와 같이 섬기겠지만, 인색하고 각박하게 군다면 적군과 다를 바 없다고 여기겠죠.

전장에서 다치거나 죽는 것은 늘 벌어지는 상황입니다. 부상을 당한 사람이 있을 때마다 장수가 눈물로 위로해줄 수는 없습니다. 마찬가지로 죽음을 당한 사람이 있다고 해도 모든 이의 죽음을 애도하고 장례를 치러줄 수는 없는 법입니다. 굶주린 자에게 자신의 몫을 나눠 줄 수는 있지만 그렇다고 해서 군량 부족 문제가 해결되지는 않습니다. 추위에 떠는 자에게 장수가 자신의 옷을 내어줄 수는 있지만 모든 병사를 추위로부터 보호해줄 수 있는 것은 아니죠.

그렇다면 왜 이렇게 행동하라고 한 것일까요? 이런 행동이 병사들에게 진한 감동을 주기 때문입니다. 병사들 스스로 자신들이 그저 전장에서 죽어나가도 되는 하찮은 존재가 아님을 확인하게 되면, 맹자가 말한 것처럼 장수는 자기와 아무 상관없는 필부가 아닌 자신의 배와 심장이 됩니다. 손자가 "군사 보기를 어린아이와 같이 하면 그들은 깊은 골짜기라도 함께 갈 것이다. 군사 보기를 사랑하는 자식과 같이 하면 그들은 장수와 죽음을 함께할 것이다"라고 한 것도 이런 이치에서죠. 어린아이가 서툴고 할 줄 모르는 게 많다고 윽박지르는 경우는 드물죠. 장수는 성숙한 어른답게 모든 것이 익숙지 않아 실수 만발인 병사들을 따뜻하게 감싸고 가르쳐야 합니다. 잘난 자식이든 못난 자식이든 내 자식은 귀하고 소중한 법입니다. 아무리 부족하더라도 제 자식 키우듯 병사들을 대한다면 결코 병사들을 사지로 내모는 무모한 전술을 쓰지는 않을 것입니다.

제갈량의 주군인 유비는 사실 패전을 많이 한 사람이었습니다. 그러나 그를 따르는 무리는 끈끈한 결속력이 있어서 싸움에서 지더라도 와해되지 않았습니다. 거기에는 사람을 대하는 유비의 능력이 큰 역할을 했습니다. 자기 사람을 아끼는 유비의 모습은 조운이 유선을 구해 왔을 때 취했던 태도에서 극명하게 드러납니다.

《삼국지연의》에서는 이 사건을 매우 드라마틱하게 묘사하고 있습니다. 조운은 장판에서 조조군에 쫓기는 위급한 상황에서 목숨을 걸고 유비의 아들 유선을 구해 왔습니다. 그런데 유비는 기뻐하기는커녕 "핏덩이 때문에 하마터면 큰 장수를 잃을 뻔했구나!"라고 하며 어린 유선을 땅바닥에 집어던지죠. 이에 조운은 꿇어앉은 채로 유선을 끌어안고 울면서 "제가 간과 뇌를 땅에 쏟아낸다 하더라도 주공의 은혜에 보답할 수 없을 것입니다"라고 했습니다. 유비는 분명 늦은 나이에 어렵게 얻은 친자식이 무사히 돌아와 안도했을 것입니다. 사랑하는 아들이 무사히 돌아왔고 아끼는 부하도 무탈하게 돌아온 상황에서 유비가 취한 행동은 대단히 의외였습니다.

말로만 부하를 가족처럼 아낀다고 하는 것은 아무 효과가 없습니다. 유비의 실제 행동은 수천 마디 말보다도 가슴 뭉클한 감동을 주었을 겁니다. 그 모습을 본 수많은 장수들이 주군을 위해서라면 모든 것을 바치겠다는 결의를 다졌죠. 유비의 행동은 자발적 복종을 이끌어냈습니다. 아들을 내팽개친 행위는 다소 극단적이기는 하지만, 이 일로 인해 부하들의 마음을 얻어낸 것만은 분명합니다.

표현하지 않으면 상대는 절대로 내 마음을 알 수 없습니다. 논리적인 설득보다 단 한 번의 눈길이, 격려의 말 한마디가 더 큰 힘을 발휘한다는 사실을 명심해야 합니다. 부하들에게 존경받는 리더가 되기 위해서는 어려운 일이 있을 때 앞장서고 공로가 있을 때 뒤로 물러설 줄 알아야 합니다. 생사가 오가는 전장에서 자신의 목숨을 아까워하며 앞장서기를 두려워하는 장수가 있다면 병사들은 그를 위해 목숨을 바치려 하지 않을 것입니다. 위급한 상황일수록 똘똘 뭉쳐 헤쳐나가려는 의지를 잃어서는 안 됩니다. 장수가 군대의 수장으로서 위풍당당한 모습을 보여야 병사들이 두려움을 떨치고 용감하게 싸움에 임할 수 있습니다.

또한 전공을 세우면 반드시 부하들과 더불어 나눌 줄 알아야 합니다. 어쨌든 혼자만의 힘으로 쌓은 공이 아니기 때문입니다. 공을 아랫사람에게 돌림으로써 그들을 이끌어준다면 상호 간의 신뢰가 더욱 두터워질 것입니다. 통솔력은 믿음의 산물입니다. 부하들의 믿음을 얻지 못한다면 장수 혼자 힘으로는 절대 군대를 이끌지 못합니다.

여기서 중요한 사실이 하나 있습니다. 바로 자신을 내세우지 않고 겸양한다고 해서 공이 사라지는 것이 아니라는 점입니다. 오히려 리더의 도덕적 인품이 드러나면서 공이 더욱 빛나는 긍정적 효과를 얻을 수 있습니다. 비단 군대뿐 아니라 일반 조직에서도 마찬가지죠. 설사 자기 혼자 열심히 노력해서 성과를 냈더라도 그것을 오롯이 자신의 공으로 여겨서는 안 됩니다. 모든 것을 자기 공으로만 돌린다면 파트너십과 협업을 모르는 사람입니다. 단순히 형식적인 인사치레라 할지라도 분명히 의미는 있습니다. 《논어》〈팔일(八佾)〉에 "군주를 섬기면서 예를 다하면 사람들은 이를 아첨하는 것이라고 여긴다"라고 했습니다. 그러나 예라는 형식이 없다면 군주에 대한 마음을 표현할 다른 방도가 없지 않을까요. 사람의 마음은 그의 언어적, 비언어적 행위를 통해서만 가늠되는 것이니까요.

원문에서 "지혜로운 자에게는 예를 다해 녹봉을 주고 용감한 자에게는 상을 주어 격려하라"라고 했습니다. 지혜가 뛰어난 자의 마음을 얻기 위해서는 극진한 예로 대해야 하며 용감한 자의 마음을 얻기 위해서는 포상에 대한 명확한 기준을 제시해야 한다는 말입니다. 지극정성을 다해야 훌륭한 인재를 끌어올 수 있습니다. 유비가 제갈량이라는 인재를 영입하기 위해 온 정성을 다했던 것처럼 말입니다.

삼고초려의 성과는 제갈량이라는 인재를 얻은 데서 그치지 않았습니다. 낮은 자세로 인재를 구하는 과정을 통해 유비는 인재를 귀하게 여기고 후하게 대한다는 이미지를 쌓았습니다. 이런 이미지가 향후 유비가 세력을 규합하는 데 핵심적인 역할을 했다는 점을 상기해보면 예로써 인재를 대해야 하는 이유가 한층 더 분명해집니다.

전국시대 연나라의 곽외(郭隗)는 예를 다해 상대를 받들고 겸허하게 가르침을 구하면 자기보다 백 배 뛰어난 인재가 모이고, 상대에게 경의를 표하고 의견에 귀를 기울이면 자기보다 열 배 뛰어난 인재가 모이고, 상대를 자신과 대등하게 대하면 자신과 비슷한 사람이 모이고, 의자에 기대어 삐딱하게 바라보며 손가락질로 사람을 부리면 소인배가 모이고, 큰 소리로 사람을 모욕하고 질책하면 쓸모없는 노예만 따르게 된다고 했습니다. 어떤 사람을 친구로 사귀느냐보다 중요한 문제는, 나는 상대에게 어떤 친구이며 어떤 존재인가 하는 것입니다. 마찬가지로 내가 상대를 어떻게 대하느냐에 따라 유능한 사람이 모일 수도, 불초한 사람이 모일 수도 있다는 이치를 잊지 말아야 할 것입니다.

참모의 세 가지 유형: 삼빈(三賓)

〈삼빈〉에서는 장수가 군대를 편성할 때 반드시 참모를 두어 도움을 받아야 한다고 강조하며 이들을 재량과 능력에 따라 세 가지로 나눕니다. 〈삼빈〉이라는 제목을 글자대로 풀면 세 가지 유형의 빈객이란 뜻입니다. 빈(賓)이나 객(客)은 모두 주인이 아닌 손님이라는 뜻을 지니며, 혈통 중심의 가족 공동체에서 다른 성씨를 가진 사람들을 가리키던 말이었습니다.

고대 중국에서 빈객이라는 신분이 사회적으로 부상한 것은 주 왕실의 혈통을 중심으로 형성되었던 종법(宗法) 질서가 해체되고 약육강식의 생존 법칙에 따라 모든 나라가 부국강병에 매진하기 시작한 춘추전국 무렵입니다. 그 이전까지 관료의 지위는 오직 주 왕실과 맺은 친인척 관계의 친소에 따라 결정되었습니다. 왕실과 혈연이 없는 사람에게는 원칙적으로 관료가 될 기회가 주어지지 않았습니다.

그러나 견융(犬戎)의 침입으로 수도였던 호경이 함락되고 왕실의 권위가 무너지면서 혈연 공동체 밖의 인재들에게도 나라에 공을 세울 수 있는 기회가 주어지기 시작했습니다. 민간 출신으로서 재량과 능력을 인정받아 관료가 될 자격을 부여받은 이 특별한 신분의 사람들이 바로 사(士)입니다. 그리고 각국 권력자들로부터 후원을 받으며 자신의 재량과 능력을 인정받고 '사'라는 신분을 획득해 관료가 되기를 꿈꾸는 수많은 인재들이 있었습니다. 이들이 바로 춘추전국시대의 빈객입니다.

제나라의 맹상군, 조나라의 평원군, 위나라의 신릉군, 초나라의 춘신군, 즉 전국시기의 사군자(戰國四君子)는 모두 수많은 빈객을 양성한 것으로 유명합니다. 제나라의 맹상군은 아버지 전영에게 "제나라의 영토가 전혀 늘지 않는데도 우리 집안은 왕족으로서 부를 얻고 있습니다. 또한 집안에는 촌수가 어찌 되는지도 모르는 친척들이 넘쳐 나는데 그런 사람들 때문에 재산을 남긴다는 것은 이상한 일이 아닙니까?"라며 혈족 외의 인재를 양성해야 한다고 주장했습니다. 이 일로 빈객들 사이에서 맹상군의 명성이 높아지자 중원의 모든 인재가 그에게 모였습니다. 제나라는 이들의 재능에 힘입어 중원 패자의 지위를 유지할 수 있었습니다.

피는 물보다 진하다는 우리 속담은 혈연관계가 사회의 근간을 이룬다는 믿음을 반증합니다. 가장 위험한 순간에 가장 믿을 만한 사람이 피붙이라는 사유 관념은 아주 오래전부터 존재했으며 오늘날까지도 변함없이 유지되고 있습니다. 그러나 사회 규모가 확장되고 체계가 복잡해짐에 따라 사람들은 혈족 공동체 밖의 누군가와도 필연적으로 관계를 맺게 되었습니다. 때로는 외부에 있는 누군가의 관점이나 재능도 필요해졌습니다. 맹상군은 바로 이러한 변화를 민감하게 인식했던 것이죠.

우리나라에서도 조선시대 세자의 교육을 담당하던 관료를 빈객이라 칭했으며 보통 좌우에 두 사람의 빈객을 두었다는 기록이 있습니다. 새로운 시대의 지도자에게는 직접적인 이해관계를 떠나 객관적인 입장에서 다각적인 조언을 해줄 수 있는 스승이 필요하다고 여겼을 것입니다. 세자의 스승을 굳이 빈객이라 명명한 것도 그 때문이겠죠.

군대에서 빈객이란 장수를 도와 군대의 운영을 돕거나 조언을 해주는 전문가나 자문가, 즉 참모를 가리킵니다. 우리가 잘 알고 있는 역사 속 인물 가운데 관포지교의 주인공 관중도 참모 출신이었고, 월나라 구천이 와신상담을 이겨내고 패자가 될 수 있도록 도운 범려도 참모였다고 할 수 있습니다. 무엇보다 한황실의 '황숙'이라는 허명 외에 어떠한 실질적 기반도 없던 유비를 보좌해 그를 촉한의 황제로 만든 제갈량이야말로 중국 역사상 가장 위대한 참모 가운데 하나일 것입니다.

〈삼빈〉에서는 이러한 빈객을 상빈, 중빈, 하빈이라는 세 유형으로 나누었습니다.

장수가 대군을 이끌 때는 반드시 참모들을 두어 여럿이 함께 득실을 토의하도록 하며, 이를 참고해 계책을 위한 자료로 삼아야 한다. 말은 흐르는 물과 같이 막힘이 없고, 기묘한 계책은 아무도 예측할 수 없으며, 견문이 넓고 다재다능한 사람은 만인이 우러러보니 마땅히 상빈(上賓)으로 삼을 만하다. 곰이나 호랑이처럼 용맹하고 뛰어오르는 원숭이처럼 민첩하며 무쇠나 반석처럼 굳세고 용천검(龍泉劍)처럼 예리한 사람은 한 시대의 걸출한 영웅이니 마땅히 중빈(中賓)으로 삼을 만하다. 말이 많아서 가끔 들어맞을 때가 있으며 미천하지만 쓸 만한 재주가 있어 평범한 능력을 지닌 사람은 마땅히 하빈(下賓)으로 삼을 만하다.

상빈이라 불리는 첫 번째 유형의 요건은 무엇인가요. 바로 아무도 그 깊이를 예측할 수 없는 뛰어난 계책과 지모입니다. 맹상군과 더불어 전국사군자의 한 사람으로 손꼽히는 조나라의 평원군도 얼굴조차 알지 못하는 수많은 식객을 양성했습니다. 진나라가 조나라의 수도인 한단을 포위하자 평원군은 초나라에 도움을 청하는 사신으로 가게 되었습니다. 이때 모수(毛遂)라는 식객이 앞으로 나서며 수행원이 되기를 자처했습니다. 평원군은 "재능 있는 인재는 마치 송곳이 주머니를 뚫고 나오는 것처럼 저절로 드러나기 마련인데, 당신은 삼 년 동안이나 내 집에 있으면서 두각을 나타내지 않았으니 무슨 재능이 있는지 모르겠다"라며 이를 물리치려 했습니다. 모수는 "저는 오늘에서야 비로소 자루 안에 들어가기를 청하는 것입니다"라며 도리어 평원군의 안목을 탓했습니다. 평원군은 나름대로 깨닫는 바가 있어 그를 수행원으로 거두었습니다. 먼저 천거된 19명의 식객들은 스스로를 추천한 모수를 남몰래 비웃었습니다.

이후 평원군이 초나라 왕에게 합종을 종용하면서 한나절을 설득했는데도 성과를 거두지 못하자 모수는 홀로 무장을 한 채 회담장으로 뛰어들었습니다. 초나라 왕이 무엄하다고 꾸짖자 모수는 도리어 "왕께서는 초나라의 강한 군대를 믿고 나를 꾸짖지만, 지금 이 순간 왕의 목숨은 내 손 안에 있습니다. 합종은 초나라를 위한 것이지 조나라를 위한 것이 아닌데, 왕께서 우리 주군의 체면을 생각지 않고 꾸짖는 것은 무슨 도리입니까?"라고 반박했습니다. 그는 은나라 탕왕과 주나라 문왕의 선례를 따지며 초나라와 조나라가 합종해 진나라에 대항할 경우의 이해관계를 논리적으로 설명했습니다. 초나라 왕은 모수의 행동에 두려움을 느꼈을 뿐 아니라 그의 합리적인 설득에 감복해 맹약의 결단을 내렸습니다. 평원군은 모수 덕분에 합종의 맹약을 성사시키고 귀국할 수 있었으므로 그를 상객으로 대우했습니다. 모수를 비웃었던 19명의 식객들은 그 앞에서 얼굴을 들지 못했습니다. 이것이 '모수가 스스로를 천거하다'라는 뜻을 지닌 모수자천(毛遂自薦)이라는 고사의 내용입니다.

모수는 두 나라 원수가 외교적으로 중요한 회담을 나누는 자리에 무장을 한 채 뛰어들었습니다. 만약 초나라 왕을 설득하는 일에 실패했다면, 모수 자신은 물론이고 주군인 평원군을 포함해 조나라 사신단 전체가 생명을 잃었을지 모릅니다. 그러나 모수는 고대의 선례에 대한 해박한 지식, 당시의 정세를 파악하는 날카로운 분석력, 일국의 군주 앞에서도 물러서지 않는 당당함, 듣는 이로 하여금 찬탄을 금치 못하게 하는 논리적인 언변으로 눈앞의 위기를 타개했습니다. 평원군이 그를 상객으로 삼은 것은 그의 재량과 능력, 그리고 그 재능에 힘입은 공적으로 보아 더없이 타당한 결과였죠.

중빈이라 불리는 두 번째 유형의 요건은 용맹하고 민첩하며 굳세고 예리한 전사의 면모입니다. 위나라의 신릉군은 사적으로는 평원군의 처남이었으며, 공적으로는 조나라와 더불어 진에 대항하는 정치적 입장을 견지했습니다. 진나라가 조나라의 수도인 한단을 공격하자 평원군은 위나라에 원군을 요청했습니다. 신릉군은 왕을 설득해 조나라를 구원하려 했습니다. 그러나 위나라 군대는 진의 위협을 받고 국경에서 진격을 멈추었습니다. 신릉군은 위나라 왕을 설득하기 위해 수단과 방법을 가리지 않았지만 뜻을 이룰 수 없었습니다. 결국 그는 자신의 사병과 식객이라도 거느리고 가서 대의를 위해 싸우다 죽겠다는 무모한 계획을 감행하게 됩니다. 신릉군이 죽음을 불사하겠다는 각오를 내비치자 위나라 은사(隱士) 후영은 왕의 병부를 훔쳐 군대를 움직일 계책을 냈죠. 또한 군대를 이끄는 장수 진비가 왕의 병부를 보고도 이를 따르지 않으면 즉시 격살하라고 덧붙였습니다.

신릉군이 용맹하고 기개 높은 장수를 죽여야 한다는 말에 주저하자, 후영은 진비를 찾아갈 때 반드시 주해를 함께 데려가라고 일러주었습니다. "주해는 어질고 재주 있는 젊은이인데 세상 사람들이 알아주지 않아 시정에 몸을 숨기고 백정 일을 하며 살아가고 있습니다. 공자께서는 그를 가까이 두십시오." 후영은 이미 오래전에 주해를 신릉군에게 천거했습니다. 신릉군은 후영의 말을 듣고 아무런 공도 없는 주해를 극진히 대우했지만, 주해는 이제껏 그와 같은 신릉군의 호의에 단 한 번도 감사를 표한 적이 없었습니다.

그런데 이때 신릉군이 병부를 들고 주해를 찾아가자, 그는 마치 기다렸던 것처럼 "제가 지금껏 주군께 감사를 표하지 않았던 것은 그와 같이 사소한 예절로 은혜를 갚을 수 없다고 여겼기 때문입니다. 지금이야말로 목숨을 다해 저를 알아주신 그 은혜에 보답할 때입니다"라고 말하며, 자리를 박차고 일어나 그를 따라 나섰습니다.

신릉군은 그 길로 수레를 몰아 진비를 찾아갔죠. 그러나 진비는 부절이 서로 들어맞는 것을 보고도 군대를 움직이려 하지 않았습니다. 도리어 신릉군을 의심하면서 "공자께서 수레 한 대로 저를 찾아와 십만 대군을 이끄는 막중한 책임을 대신하려 하시니 무슨 영문인지 모르겠습니다"라며 꾸짖었습니다. 살기등등한 위나라 군대 한가운데서 신릉군은 속수무책으로 어찌할 바를 몰랐고, 수행원들도 모두 살벌한 군영에서 숨을 죽인 채 꼼짝하지 못했습니다.

그때, 주해가 번개같이 앞으로 나서며 소매 속에 감추었던 사십 근짜리 철퇴를 들어 조금도 주저하지 않고 진비를 내리쳤습니다. "왕의 명령을 거역할 셈인가!" 주해가 진비를 격살하자, 위나라 군대는 신릉군을 따랐습니다. 신릉군이 이끄는 위나라 군대는 조나라 수도의 포위를 풀고 진의 군대를 물리쳤죠. 후영은 비록 모수와 같은 박학함이나 논리적인 언변을 갖추지 못했지만, 순간적인 기지를 발휘해 위급한 상황을 역전시켰으며, 완력을 사용해서라도 주군이 뜻을 이루도록 도울 수 있었으니 중빈의 자격이 충분하다 할 것입니다.

하빈은 비록 신분이 낮고 능력이 부족하지만 쓸 만한 재주가 있어 도움을 줄 수 있는 인재를 가리킵니다. 바로 계명구도(鷄鳴狗盜)의 고사에 등장하는 인물들이 이에 해당합니다. 상술한 바와 같이, 맹상군에게는 상빈에서 하빈에 이르는 수많은 빈객이 있었습니다. 하루는 맹상군이 식객 두어 명을 골라 무슨 재주가 있냐고 묻자 각각 닭 울음소리를 잘 내고 개 흉내를 잘 낸다고 대답했습니다. 모두가 비웃었지만 맹상군은 그런 재주라도 쓰일 날이 있을 것이라며 그들을 다독였습니다.

그 뒤 진나라 소양왕이 맹상군을 초청해 죽이려 한 일이 있었습니다. 맹상군은 소양왕의 후궁에게 도움을 청했는데, 그녀는 그 대가로 흰 여우 갖옷(호백구)을 요구했습니다. 흰 여우의 겨드랑이 털을 모아 만들었다는 호백구는 진나라에 하나뿐인 귀한 보배로 소양왕의 보물 창고에 있습니다. 맹상군은 죽음을 맞이할 수밖에 없다고 체념했습니다.

그때 상심한 맹상군 앞에 개 흉내를 잘 내는 식객이 호백구를 가지고 나타났습니다. 그가 개 흉내를 내며 보물 창고에 침입해 갖옷을 훔쳐냈던 것입니다. 맹상군은 갖옷을 소양왕의 후궁에게 바치고 가까스로 진나라를 떠날 수 있었습니다. 갖옷을 훔친 일이 탄로 나기 전에 진나라를 벗어나야 했던 맹상군은 급히 수레를 몰았습니다. 하지만 아직 날이 밝기 전이라 성문이 굳게 닫혀 있었죠. 그때 평소 닭 울음소리를 잘 내는 걸로 알려진 식객이 그의 장기를 발휘해 소리를 내자 시간을 착각한 수탉들이 모두 따라 울었고, 성문을 지키던 수문장은 어리둥절해하면서도 문을 열어주었습니다. 결국 맹상군은 개 흉내를 내고 닭 울음소리를 내는 식객들의 도움으로 목숨을 건졌던 셈입니다.

상빈, 중빈, 하빈은 서로 다른 재량과 능력을 지닌 인재들입니다. 우열에 따라 이들의 고하를 나눌 수도 있습니다. 그러나 〈삼빈〉에서는 이들을 나누어 일을 시키는 데 중점을 두지 않고 "여럿이 함께 득실을 토의하도록" 해야 한다는 점을 먼저 꼽았습니다. 큰 그릇이든 작은 그릇이든, 지략이 뛰어나든 용력이 뛰어나든, 참모의 일은 여러 가지 시각과 견해로 일의 득실을 논하는 것이기 때문입니다.

중국 속담에 "직접 두는 사람은 헛갈리지만, 훈수 두는 사람 눈에는 훤히 보인다(當局者迷, 傍觀者清)"라는 말이 있습니다. 바둑을 두는 사람들은 서로 상대방의 수와 자신의 수에 얽매이는 터라 오히려 미혹에 빠지기 쉽습니다. 하지만 곁에서 바둑을 구경하는 사람은 맑은 정신으로 대세를 읽을 수 있죠. 어느 경우에나 한 걸음 물러나서 객관적으로 상황을 파악할 수 있어야 전체적인 흐름이 파악되는 법입니다. 서로 다른 재량과 능력을 지닌 참모들이라면, 하나의 문제를 볼 때도 서로 다른 층위에서 다양한 관점으로 득실을 논할 수 있을 것입니다.

리더는 자신이 가진 능력과 자신이 소유한 자원을 냉철히 분석할 수 있어야 합니다. 물적 자원은 물론 인적 자원도 마찬가지죠. 뛰어난 리더라면 그릇도 다르고 쓰임도 다른 인재들의 특성을 정확히 파악하고, 이들이 공통 비전을 위해 최선의 노력을 다하도록 독려해야 합니다. 최상의 성과를 창출하도록 고무하는 한편으로 리더 자신의 부족한 부분을 보완할 수 있는 다양한 시스템을 마련해두어야 합니다.

최선의 계책으로 적을 상대하라

제 4 장

최선의 용병술: 후응(後應)

　장수가 군대를 움직이고자 한다면 먼저 자신의 권위를 바로 세워야 하고 부하들의 마음을 하나로 모아야 하며 참모진에게 계책을 마련하게 해야 합니다. 최고지휘관인 장수, 장수의 명령에 따르는 군사, 장수에게 계책을 진언하는 참모진이 갖춰졌다면 이제는 용병술을 논할 차례입니다. 〈후응〉에서는 군대를 부릴 때의 지혜와 능력을 제시한 뒤 마지막으로 이 두 가지가 결여되었을 때의 상황을 보여줍니다.

　쉬울 때 도모해 어려운 때를 대비하고 작을 때 처리해 커질 때를 대비하며 먼저 준비해 나중을 대비하고 형체가 드러나지 않았을 때 형체를 파악해 대처하는 것이 용병의 지혜이다. 군대를 포진시키고 말을 내달려 교전하며 쇠뇌의 위세를 떨치고 치열한 접전을 벌여 아군에게는 승리의 확신을 심어주고 적에게는 위기를 느끼게 하는 것은 용병의 능력이다. 쏟아지는 화살과 포석에 맨몸으로 맞서며 승세를 잡고자 하나 승패가 판가름 나기도 전에 피차 숱한 사상자를 내니 이는 최악의 용병이다.

〈후응〉에서 말하는 용병의 지혜는 사태가 벌어지기 전에 대비책을 마련하고 해결하는 것입니다. 문제가 터지고 나서 만회하는 것보다는 문제가 생기지 않도록 대비하는 것이 현명한 방법입니다. 아군 진영에서 문제가 생길 조짐이 보인다면 일이 벌어지기 전에 대처해야 하고, 적군 진영에서 틈새를 발견했다면 그것을 전술에 이용할 줄 알아야 합니다.

훌륭한 리더는 남보다 한 수 멀리 내다보고 한발 앞서 준비합니다. 군대 전체의 안위가 장수의 지휘에 달려 있으므로 장수는 매사에 쉽게 판단하거나 경솔하게 행동해서는 안 됩니다. 시시각각 변화하는 전장의 상황을 주시하고 심사숙고해서 대비책을 세운 뒤 군사를 움직여야 합니다. 유비무환의 자세로 만반의 준비를 갖춘 뒤 작은 조짐도 놓치지 않는 지혜를 발휘해 전략과 전술을 수립한다면 승리에도 한 걸음 더 가까워지겠죠.

대비가 철저하다면 전투에 대한 부담을 덜 수 있겠지만, 전장에서 죽음을 목도하는 병사들의 공포심을 아예 없앨 수는 없습니다. 화살이 비 오듯 하고 피가 튀기는 백병전에서 죽음의 공포를 떨쳐내기란 어려운 일입니다. 따라서 실전에서 전투를 벌일 때는 전략과 전술을 수립할 때와는 다른 능력이 요구됩니다. 장수는 아군을 하나로 단결시키고 투지를 끌어올릴 수 있어야 합니다. 군대의 전투력은 단체의 단결에서 비롯됩니다. 혼자서 싸운다면 겁을 먹고 도망칠 사람도 동료와 함께라면 더없이 용감한 군인의 면모를 보일 수 있습니다. 군중심리를 잘 파악하고 이용할 수 있는 사람이 실전에 강한 리더가 되는 거죠.

백제의 계백 장군은 황산벌 전투를 앞두고 겁에 질려 있는 병사들에게 "옛날 월나라 구천은 5천 명으로 오나라 부차의 70만 대군을 물리쳤다. 오늘 우리는 마땅히 용기를 다해 싸워 나라의 은혜에 보답하자!"라고 외치며 용기를 북돋았습니다. 결국 계백 장군의 결연함에 감명받은 5천 결사대는 수적 열세에도 불구하고 신라의 5만 대군에 용감히 맞섰고 장렬한 최후를 맞이하기까지 대등한 전투를 벌였습니다.

이처럼 죽음을 무릅쓰고 싸우는 것은 분명 용감한 일이지만 쏟아지는 화살과 포석에 맨몸으로 맞서는 것은 무모한 짓입니다. 장수는 최소의 희생으로 최대의 효과를 낼 수 있는 전술을 써야 합니다. 전략과 전술이 부족하고 실전에서 적절히 지휘하지 않으면 설사 전투에서 승리하더라도 상처뿐인 영광에 그칠 것입니다.

장수는 전투에 앞서 주도면밀하게 전략과 전술을 세우는 지혜와 실전에서 군대의 사기를 진작시키는 능력을 두루 갖추어야 합니다. 전략과 전술은 전투가 벌어지기 전에 미리 세워야 하고 병사들의 훈련이나 무기, 군량 등의 군수용품도 사전에 준비해두어야 합니다. 아무런 대책과 대비도 없이 군대부터 움직인다면 군대 전체를 사지로 몰아넣는 셈이니 최악의 용병술이라고밖에 할 수 없습니다.

전투에 유리한 조건: 편리(便利)

〈편리〉에서는 여러 지형 조건과 무기의 특징, 병력의 많고 적음에 따른 효율적인 전술과 출격 시기를 기술했습니다. 《설문해자》에서는 편(便)을 안(安)으로 풀었습니다. 즉 이 글자는 사람에게 불편한 점을 편의에 맞게 고친다는 뜻입니다. 이(利)는 쟁기를 형상화한 글자입니다. 곡식 베는 쟁기의 날카로움에서 금전적 이익과 손해를 가리키는 말로 의미가 확장되었고, '이롭다'라는 뜻도 가지게 되었습니다. 요컨대 '편리'란 말의 의미는 '상황을 자기에게 유리하도록 만드는 것'이라 요약할 수 있겠죠. 그래서 이 장에는 아군이 처한 상황을 유리하게 활용하는 방법이 실려 있습니다.

초목이 우거진 곳이라면 유격전이 유리하다. 산림으로 둘러싸여 첩첩이 막힌 곳이라면 기습 공격이 유리하다. 숲을 나와 몸을 숨길 곳이 없다면 참호를 파 매복하는 것이 유리하다. 적은 병력으로 많은 병력을 공격할 때는 해질녘이 유리하고, 많은 병력으로 적은 병력을 공격할 때는 동이 튼 이후가 유리하다. 쇠뇌와 장창으로는 재빠르게 번갈아가며 공격하는 것이 유리하다. 강이나 호수를 사이에 두고 대치할 때 바람이 거세고 어두컴컴해 앞이 잘 보이지 않으면 적의 선두와 후미를 협공하는 것이 유리하다.

초목이 **빽빽**하게 자란 곳에서는 움직임이 자유롭지 않아 대규모 군사가 이동하기에 적합하지 않습니다. 그러나 적의 시야에 쉽게 노출되지 않는다는 지형 조건을 적극 활용해 '치고 빠지기' 식 유격전을 펼친다면 상황을 유리하게 이끌 수 있습니다. 산림으로 둘러싸여 첩첩이 막힌 곳에서는 많은 병력이 종대로 움직이면서도 적의 눈에 띄지 않은 채 전진할 수 있습니다. 숲에 무성히 자란 나무는 적의 사격이나 관측으로부터 몸을 숨길 수 있는 차폐물로 작용합니다. 하지만 행군의 목표 지점이 숲이 아닌 이상 계속 그곳에 머물러 있을 수는 없습니다. 숲을 등지고 나왔을 때 몸을 숨길 곳이 없다면 참호를 파든지 차폐물을 만들어 매복할 수 있는 공간을 확보해야 합니다.

적은 병력으로 많은 병력을 공격하는 것은 매우 불리해 보이지만 해질녘이라면 승산이 있습니다. 해가 지고 난 뒤에는 시야가 어둡기 때문에 북과 징소리에만 의존해 움직여야 합니다. 이때 많은 병력보다는 잘 훈련된 적은 병사들을 이용하는 편이 유리합니다. 반대로 많은 병력으로 적은 병력을 공격할 때는 동이 튼 후 시야가 밝을 때가 유리하죠. 광범한 지역에 펼쳐진 깃발과 병력은 그 모습만으로도 상대를 압도할 수 있기 때문입니다.

장창과 쇠뇌는 위협적인 무기지만 장단점이 달라 쓰임도 다릅니다. 장창은 보병이 사용하는 무기이기 때문에 멀리 떨어진 적을 공격하기 어렵고 쇠뇌는 활을 장전하는 데 시간이 소요되기 때문에 빠른 속도로 공격하기에는 적합하지 않습니다. 기병은 보병에 강하고, 궁병은 기병에 강하고, 보병은 궁병에 강하다는 말이 있습니다. 궁병과 보병을 조화롭게 운용하면 서로의 취약점을 보완하면서 시너지 효과를 낼 수 있습니다. 강이나 호수를 사이에 두고 적과 대치하고 있는데 바람이 불고 어두컴컴해 시야가 확보되지 않으면 적의 귀와 눈을 속일 수 있습니다. 사람이 가진 감각기관은 주변 지형과 정세에 상당한 영향을 받기 마련입니다. 이런 상황에서는 조용히 접근해 적의 선두와 후미를 협공하는 전술을 쓰면 승세를 가져오는 데 유리합니다.

　위에서 보여준 전술은 모두 아군의 전력 손실을 최소화하는 동시에 적의 피해를 극대화하는 효과를 거둘 수 있다는 점에서 참고할 만합니다. 〈편리〉에서 강조하는 바는 무엇일까요. 바로 전투의 승패가 객관적인 상황이나 조건의 우열이 아니라, 그것을 어떻게 나에게 유리하게 만드느냐에 달려 있다는 점입니다. 불리한 조건을 극복하고 상황을 아군에게 유리하게 바꿔 전투를 승리로 이끈 역사적 사례는 무수히 많습니다.

　군웅이 할거하던 오대십국 초기, 진왕 이존욱(李存勖)이 남쪽의 후량을 공격하는 틈을 타 북방의 거란이 진나라를 공격해 왔습니다. 진나라의 병력 대부분은 후량을 공격하는 데 투입되었기 때문에 북방 방어선은 약해진 상황이었습니다. 진나라 장수 주덕위(周德威)가 진압에 나섰지만 30만 대군 앞에서는 속수무책이었고 결국 유주로 피신할 수밖에 없었습니다. 소식을 접한 이존욱은 이사원(李嗣源), 염보(閻寶), 이존심(李存審) 세 장수를 원군으로 보냈죠. 세 장수가 행군 방도를 논의한 내용을 살펴보면 〈편리〉에서 제시했던 방법이 유효하게 적용되고 있음을 확인할 수 있습니다.

이존심은 "적군은 많고 아군의 수는 적습니다. 게다가 적군은 대부분 기병이고 아군은 대부분 보병입니다. 평원에서 마주쳐 적군의 수십만 기병이 아군에게 돌격해 오면 아군은 틀림없이 전멸당할 것입니다"라며 우려의 목소리를 냈죠. 진나라 군대는 보병과 기병을 합쳐봐야 7만에 불과했고 적군은 30만에 달했습니다. 밝은 대낮에 몸을 숨길 수 없는 평야 지대에서, 보병으로 기병을 상대한다는 것은 진나라에 절대적으로 불리한 상황이었습니다.

평원에서의 교전은 피해야 한다는 말에 동의하면서 이사원은 다음과 같이 제안했습니다. "산길로 몰래 행군해 유주성 안의 병력과 합세하는 것이 좋을 듯합니다. 도중에 적군과 만나게 되면 험한 지형에 기대어 방어하면 됩니다." 험한 산세를 잘 이용하면 수적 열세를 극복할 수 있다는 말이었습니다.

진나라 군대는 이사원의 계책에 따라 평원을 질러가는 대신 산골짜기를 따라 돌아가는 길을 선택했습니다. 이사원과 그의 양자 이종가(李從珂)는 3천 기병을 이끌고 선봉에서 진군했습니다. 산속에서 거란군과 만나기는 했지만 적군은 산 위쪽에 있었고 이사원

부대는 산골짜기를 따라 가고 있었기 때문에 다행히 대규모 접전을 피할 수 있었습니다. 적군과 맞닥뜨렸을 때에도 이사원은 기가 죽기는커녕 투구를 벗어던지고 채찍을 휘두르며 거란족이 사용하는 언어로 "네놈들은 아무 이유 없이 우리 변경을 침범했다. 진왕께서 나에게 백만 군사를 주어 너희 종족의 씨를 말리라고 하셨다!"라고 외치며 맹렬한 기세로 적을 향해 돌진했습니다.

〈편리〉에서 "산림으로 둘러싸여 첩첩이 막힌 곳이라면 기습 공격이 유리하다"라고 했습니다. 이사원은 거란군이 움직이기 전에 재빠르게 선제공격을 가했고 적장 한 명을 참살해 전세를 역전시켰죠. 진나라 군대는 이사원의 용맹에 힘입어 매섭게 공격에 가담했고, 거란군은 제대로 싸워보지도 못하고 속절없이 물러났습니다.

진나라 군대가 산을 벗어나자 앞에는 말이 맘껏 달릴 수 있는 평야가 펼쳐져 있었습니다. 이존심은 보병에게 명령해 부대가 전진하다가 멈출 때마다 녹각으로 울타리를 짓게 했습니다. 쇠뇌병들이 녹각 뒤에 몸을 숨기고 일제히 쇠뇌를 쏘니 거란 기병은 손쉽게 제압되었습니다.

진나라 군대가 유주에 도착했을 때 대규모 거란군이 진을 치고 있는 것이 보였습니다. 이존심은 보병에게 후방을 지키며 움직이지 말라고 명하고 전투력이 약한 병사들에게 잡목에 불을 붙여 전진하도록 했습니다. 삽시간에 연기가 하늘을 뒤덮었습니다. 그러자 거란군은 진나라 군대의 규모가 얼마나 되는지 알아볼 수 없었습니다. 보병과 기병이 평야에서 싸우게 됐을 때의 불리함을 극복하기 위한 계책이었죠. 진나라 군대는 기세를 몰아 미친 듯이 북을 치며 돌격했고 격전 끝에 거란군을 대패시켰습니다. 유주는 2백 일 가까이 포위되어 축적된 식량도 바닥나 함락되기 일보직전이었습니다. 하지만 이사원이 지형의 불리함을 극복하는 전술로 적시에 적을 공격했기에 성을 지킬 수 있었습니다.

주어진 조건을 자신에게 유리하게 적용하는 것도 리더가 갖춰야 할 중요한 능력 중 하나입니다. 이사원이 유주를 구한 이야기는 전쟁에서 절대적으로 유리한 조건이나 상황이란 없다는 사실을 다시 한 번 상기시켜줍니다. 직접 낫을 들고 들판에 나가 곡식을 베었을 때라야 비로소 내 곡식이 되는 것처럼, 주어진 조건을 자신에게 유리하게 바꾸었을 때라야 전술로서 가치가 있습니다.

임기응변의 묘책: 응기(應機)

〈응기〉는 적절한 시기를 포착해 공격해야 한다는 전술의 원칙을 논한 장입니다. 《삼국지》〈제갈량전〉에 "때를 알고 행동하는 자가 영웅이다(識時務者爲俊傑)"라는 말이 나옵니다. 어떤 일이든 적절한 때가 있기 마련이고 그것을 잘 포착해 활용하는 자가 지혜로운 사람이라는 뜻입니다.

임기응변이라는 말은 순간적인 기지를 발휘해 위기에 봉착한 순간을 모면하는 상황에 흔히 사용됩니다. 응기(應機)란 기회를 활용한다는 뜻입니다. 앞서 〈기형〉에서는 사람이 활용할 수 있는 계기를 크게 사건(事), 형세(勢), 감정(情)으로 나누어 설명했습니다. 그런데 이 세 가지 계기를 활용하기 위해서는 두 가지 능력이 필요합니다. 적절한 시기를 포착하는 능력, 그리고 과감하게 시행할 수 있는 추진력입니다. 다시 말해, 임기응변에 강하다는 것은 이 두 가지 능력을 고루 갖추었다는 뜻입니다.

사실 임기응변은 눈앞의 상황을 모면하기 위한 순간의 기지가 아닙니다. 변화하는 상황에 발맞춰 유연하게 대응할 수 있는 지혜를 말합니다. 지혜롭지 않은 사람은 기회가 와도 기회인 줄 모르고 놓치고 맙니다. 그러나 지혜로운 사람이라고 해도 용기가 없으면 기회를 보아도 제대로 활용하지 못합니다. 기회를 포착해내는 지혜와 과감하게 실행할 수 있는 추진력. 이 두 가지 둘 중 어느 하나라도 부족하면 임기응변에 능하다고 할 수 없습니다.

필승의 전술과 임기응변의 묘책은 시기를 포착하는 데 달려 있다. 지혜가 없는 자가 어찌 시기를 알아차리고 활용할 수 있겠는가? 시기를 포착하는 방법으로는 상대의 허를 찌르는 것이 최우선이다. 맹수가 곤경에 빠졌을 때는 창을 든 아이에게도 쫓길 수 있고, 벌이나 전갈이 독을 쏘면 대장부라도 크게 당황하며 겁에 질린다. 이는 예기치 못한 화가 생겼고 그 변화가 급작스러워 미처 대응할 수 없었기 때문이다.

임기응변이 제대로 효과를 발휘하기 위해서는 상대가 예기치 못한 순간을 노려야 합니다. 흔히 '허를 찌르다'라는 표현을 쓰는데 여기서 허(虛)는 상대가 미처 대비하지 못한 약점, 허술한 틈을 일컫습니다. 즉 상대가 전혀 예상치 못한 순간이나 상대의 약점을 노려 공격하라는 말입니다. 사나운 맹수가 창을 든 아이에게 쫓길 수 있는 것은 우선 맹수가 곤경에 빠진 상황을 아이가 포착하고, 그 순간을 놓치지 않고 창을 들고 뒤쫓았기 때문입니다. 마찬가지로 벌이나 전갈이 다 큰 사내를 겁에 질리게 할 수 있는 것은 상대가 주의하지 않은 틈을 포착했고, 그 순간을 놓치지 않고 독을 쏘았기 때문입니다. 힘이 약한 아이가 맹수를 추격하고 벌이나 전갈 같은 작은 벌레가 대장부를 겁에 질리게 할 수 있는 것은, 모두 상대가 위태로운 상황과 경계심이 없는 틈을 놓치지 않아서입니다.

예기치 못한 순간에 허를 찔린 상대는 대책을 마련할 여유가 없어서 무너질 수밖에 없습니다. 임기응변의 묘는 바로 변화하는 상황을 예리하게 관찰하고 시기를 포착한 뒤 허점을 노려 일격을 가하는 데 있습니다.

역량을 판가름하는 기준: 췌능(揣能)

장수의 지혜, 병사의 능력, 병력의 다소, 무기의 우열 등은 모두 힘겨루기 요소에 해당합니다. 전쟁에서는 이러한 역량 요소를 기준으로 쌍방의 강점과 약점을 파악해 구체적인 전략과 전술을 세워야 합니다. 손자는 "적을 알고 나를 알면 백 번 싸워도 위태롭지 않고, 적을 모르고 나를 알면 승부가 반반이며, 적도 모르고 나도 모르면 싸울 때마다 위태롭다"라고 했습니다. 적과 나의 상황을 객관적으로 판단할 수 있어야 상황에 맞는 전술을 세울 수 있습니다. 상황 변화에 따라 임기응변해 싸움의 주도권을 장악할 수 있기 때문입니다. 〈췌능〉에서는 적과 나의 국력과 군사력을 비교할 수 있는 열두 가지 항목을 제시합니다.

> 용병에 뛰어났던 옛 장수들은 적군과 아군의 역량을 가늠해 전쟁의 승패를 예측했다. 어느 쪽 군주가 더 성군인가? 어느 쪽 장수가 더 현명한가? 어느 쪽 관리가 더 유능한가? 어느 쪽 군량이 더 충분한가? 어느 쪽 병사들이 더 잘 훈련되었는가? 어느 쪽 진용이 더 잘 갖춰져 있는가? 어느 쪽 군마가 더 빠른가? 어느 쪽 지형이 더 험한가? 어느 쪽 참모가 더 지혜로운가? 인근 국가는 어느 쪽을 더 두려워하는가? 어느 쪽 재화가 더 풍족한가? 어느 쪽 백성이 더 편안한가? 이러한 면을 비교해보면 형세의 우열을 판가름할 수 있다.

첫째, 군주의 정치력입니다. 《장원》에는 군주의 정치가 성스러운지 살피라고 했습니다. 성(聖)은 이(耳)와 구(口) 그리고 임(壬)으로 구성된 글자입니다. 임(壬)은 임(𡈼)으로도 쓰이는데 《강희자전(康熙字典)》에서는 임(𡈼)을 "한 사람이 선비들 위에 성대한 모습으로 우뚝 서 있는 것"이라고 풀이했습니다. 다시 말해 성군이란 간언에 귀 기울이고 신중하게 명령을 내리는 사람입니다. 군주가 겸허한 자세로 민심에 촉각을 세우는 정치를 한다면 온 백성이 편안할 것이고, 굳이 군대를 일으키지 않아도 천하의 질서가 유지될 것입니다. 군주의 정치력은 곧 그 나라의 수준을 보여줍니다. 그래서 군대를 일으키기 전에 가장 먼저 살펴야 할 항목으로 꼽은 것입니다.

둘째, 장수의 현명함입니다. 군주가 나라의 최고 결정권자라면 장수는 군대의 최고 권위자입니다. 장수라는 지위는 전군의 생사뿐 아니라 국가의 안위까지도 책임지는 자리입니다. 그러므로 단순히 무예 실력만 가지고는 그 직책의 무게를 감당할 수 없습니다. 현(賢)은 손(又)으로 재물(貝)을 쥐고 감시(臣)한다는 데에서 '재물을 관리한다'라는 의미로 사용되었습니다. 또 재물을 나누어 줄 수 있는 지혜를 갖추었다는 데에서 '어질다' '현명하다'의 의미로 확장되어 사용되었습니다. 개인의 재능이 뛰어난 것과 여러 사람을 이끄는 능력은 다른 차원의 문제입니다. 수많은 사람을 이끌고 전쟁에서 승리하기 위해서는 신중하고 현명하게 처신해야 합니다. 《장원》에서 장수가 갖춰야 할 덕목을 여러 장에 걸쳐 논한 것은 그만큼 장수의 현명함이 사람들에게 미치는 영향이 매우 크기 때문입니다.

셋째, 관리의 유능함입니다. 결정을 내리는 사람이 군주나 장수와 같은 리더라면 실제로 일을 수행하는 사람은 관리입니다. 아무리 뛰어난 군주라도 관료들의 행정력이 미숙하다면 정치적 포부와 이상을 현실화시키지 못합니다. 따라서 관리에게 요구되는 것은 '능력'입니다. 능(能)은 원래 곰의 형상을 본뜬 글자입니다. 곰과 같은 맹수의 골격이 크고 힘이 세다는 점에서 '능력 있다'라는 의미로 확장되어 사용되었습니다. 곰은 인내심이 강한 동물로 묘사되곤 하는데 그런 의미에서 '능'은 내(耐)와 같은 의미로 쓰이기도 합니다. 요컨대 유능한 관리는 아무리 어려운 상황이더라도 끈기 있게 버티고, 맡은 소임을 신속하고 정확하게 처리하는 사람입니다.

넷째, 군량의 풍족함입니다. 병사들의 전투력보다도 군량 문제를 우선적으로 언급하고 있다는 점은 그만큼 전쟁에서 군량이 차지하는 중요성이 크다는 사실을 보여줍니다. 갑옷이나 무기가 없더라도 맨몸으로 싸울 수 있지만 식량이 없으면 싸울 수 없습니다. 배고픈 군대는 제 역량을 발휘하지 못하기 때문입니다. 치열한 전투 중이건 아니건, 군량과 군수품 보급이 원활하지 않으면 군대의 사기가 떨어지는 것은 자명한 일입니다. 따라서 군대를 움직이기 전에 필요한 군량과 군수품을 충분히 확보해야 합니다. 또 실전에서는 아군과 적군의 군량 확보 상황에 따라 전술을 펴야 합니다. 아군과 적군의 기세가 비슷하다면, 대부분 식량을 더 많이 확보한 쪽이 승리할 가능성이 높습니다. "보급품이 따르지 못하면 망하고 군량이 없으면 생존할 수 없으며 비축된 군수물자가 없으면 버틸 수 없다"라고 한 손자의 말에서도 식량 확보와 보급의 중요성을 재차 확인할 수 있죠.

다섯째, 병사들의 훈련 상황입니다. 군주에게 유능한 관리가 필요하다면 장수에게는 숙련된 병사가 필요합니다. 병사들은 장수의 명령에 따라 전장에서 싸우는 자들입니다. 장수가 아무리 좋은 전략을 세우고 진두지휘한다고 해도 훈련되지 않은 병사들로는 제대로 된 전투를 치르기 힘듭니다. 평상시에 훈련이 잘 되어 있지 않다면, 적군의 작은 공격에도 놀라 우왕좌왕하다가 무너질 것입니다. 훈련되지 않은 병사들은 허수아비와 같습니다. 〈습련〉에서 언급한 것처럼 잘 훈련된 병사 한 명은 백 명을 상대할 수 있지만 훈련되지 않은 병사 백 명으로는 한 명의 적군도 이기지 못합니다. 따라서 병력의 많고 적음이 아닌 병사들의 훈련 상황을 살피라고 한 것입니다.

여섯째, 군대의 정연함입니다. 군대라는 조직을 유지하고 운용할 때 중요한 것은 일관적인 기준과 효율적인 프로세스를 구축하는 일입니다. 정연함을 유지하기 위해서는 군령과 상벌체계를 엄격하게 지켜야 합니다. 또 조직을 구성하고 있는 수많은 구성원이 각자가 있어야 할 위치에서 최선을 다해 각자의 몫을 해낼 수 있어야 합니다. 〈정사〉에서는 정연한 군대의 특징에 대해 "평소에는 예를 다하고, 전시에는 위용과 위풍이 넘친다"라고 했습니다. 예로써 사람을 대하고 군령으로써 삼가 행동하는 원칙이 내재화되어 있다면 그 군대는 전투 상황에서도 질서가 흐트러지지 않을 것이며, 이처럼 훈련이 잘된 군대가 최종 승자가 되는 것은 당연한 일이 아닐 수 없습니다.

일곱째, 군마의 품질입니다. 중국 역사를 통틀어 북방민족이 압도적인 우위를 보이며 사실상 중원의 주인공으로 군림할 수 있었던 것은 높은 기동력과 강력한 돌파력을 앞세운 기병을 활용했기 때문입니다. 기병을 운용할 때 군마의 보유량 못지않게 중요한 것이 군마의 품질입니다. 칭기즈칸이 유라시아 대륙을 종횡무진하며 단기간에 광대한 영토를 점령할 수 있었던 것은 기동력과 지구력이 뛰어난 말 덕분이었습니다. 몽골 말은 체구는 작아도 추위나 더위에 강했고 목마름이나 굶주림도 잘 견딜 수 있었습니다. 전투 상황에 최적화된 말을 이용한 전술을 펼쳤기에 칭기즈칸은 유럽 최강의 기병과 맞서 싸워도 밀리지 않고 대승을 거두었던 것이죠.

여덟째, 지세의 험준함입니다. 어느 전투에서든 지리적인 요소를 고려하지 않고 전술을 세울 수는 없습니다. 기상과 기후와 같은 천시는 아군과 적군에게 동등하게 적용되지만 지리는 공수에 따라 다르게 적용됩니다. 지형이 평탄한지 험한지, 길이 넓은지 좁은지, 지세가 높은지 낮은지 등과 같은 지리적 특성을 파악하고 공수에 따른 전술을 세워야 전투를 유리하게 끌고 갈 수 있습니다. 심지어 지형을 파악하면서 동시에 적이 동원할 수 있는 물량과 병력도 파악해낸다면 그 규모도 산정할 수 있습니다. 전투에 절대적으로 유리한 지형은 없지만 지세의 험준함을 잘 이용하면 아군의 피해를 최소화하면서 승리를 거둘 수 있습니다.

아홉째, 참모의 지략입니다. 참모는 장수를 도와 군대의 운영을 돕거나 조언을 해주는 사람입니다. 이들은 전쟁터에서 직접 싸우지는 않지만 막사 안에서 승리를 위한 계책을 고안하며 전쟁의 흐름에 맞게 대응책을 세웁니다. 관중이 없었다면 제환공은 패자로 이름을 떨칠 수 없었을 것이며, 장량이 없었다면 유방이 천하를 통일하고 황위에 오르는 일도 없었을 것입니다. 칭기즈칸이 제국을 건설한 것도 야율초재라는 참모가 있었기에 가능했습니다. 전쟁을 할 때는 더 많은 경우의 수를 고려한 쪽이 당연히 유리합니다. 지략이 뛰어난 참모는 전세를 파악하는 능력이 뛰어나 판도를 뒤흔들 만한 계책을 고안해내곤 합니다. 그러므로 어느 쪽 참모의 지략이 더 많은지 비교하는 것은 전력 비교에서 빼놓을 수 없는 부분입니다.

열째, 인근 국가와의 외교 상황입니다. 외교 관계는 국방에서 반드시 고려해야 할 사항입니다. 이웃나라와 친선을 도모하면 국방에 드는 비용과 노력이 상대적으로 적을 것이고, 관계가 틀어지면 전쟁이 일어날 가능성이 높아집니다. 적국이 외교적으로 고립된 상황인지, 다른 나라의 지원을 받고 있는 상황인지 등을 고려한 전략을 수립해야 합니다. 적국과 전쟁 중에 다른 인접 국가에서 협공을 해 오면 아군의 병력을 분산시켜야 하므로 부담이 몇 배로 늘어나죠. 따라서 아국과 적국의 외교 상황을 먼저 파악하고 연합 가능성을 따져보아야 합니다.

열한째, 재정의 탄탄함입니다. 전쟁에는 많은 비용이 들어갑니다. 군량을 확보하는 것이 무엇보다 중요하지만 그 밖에도 병력 유지와 외교에 막대한 비용이 들어갑니다. 손자는 "십만 병력이 천 리를 출정할 때 백성이 부담해야 할 비용과 조정에서 지출해야 할 비용이 하루에 천금에 달한다"라고 했습니다. 관중은 "한 번 군대를 일으키면 십 년 동안 축적해놓은 재화가 탕진되고, 한 번 전쟁을 치르는 데 들어가는 비용은 여러 대에 걸쳐 쌓아놓은 업적을 바닥나게 한다"라고 말한 바 있습니다. 국가의 재정 수준은 전쟁을 얼마나 지속할 수 있는지를 결정짓습니다. 국가가 빈궁하면 군사 역량이 약해지고 병사들이 무력해집니다. 적국의 재정 상태가 열악하다면 그들을 상대로 재물을 이용한 회유 전략을 쓸 수 있습니다.

열두째, 백성의 편안함입니다. 백성이 편안하다는 것은 정치와 경제가 안정되어 있다는 뜻입니다. 군주가 바뀌더라도 법과 제도가 제대로 운영되고 있다면 백성은 크게 동요하지 않습니다. 경제도 마찬가지죠. 각자가 할 수 있는 일을 마련해주고 소득을 고르게 하면 백성의 삶은 안정됩니다. 재물을 아끼는 일 없이 널리 혜택을 베푼다면 적국의 백성도 마음이 기울 테고 적군의 사기도 느슨해져서 자발적으로 투항하게 만들 수 있습니다.

〈췌능〉에서 다룬 열두 가지 항목은 크게 인적 요소, 물적 요소, 환경 요소로 나눌 수 있습니다. 인적 자원을 효율적으로 활용하고 있는지는 그 조직의 경쟁력을 판단하는 중요한 지표입니다. 군주의 정치력, 관리의 유능함, 백성의 편안함은 국정이 제대로 운영되고 있는지 판단하는 기준이 되고, 장수의 현명함, 참모의 지략, 병사의 훈련 정도, 군대의 정연함은 그 조직이 체계적인지 판단할 수 있는 기준이 됩니다. 인적 요소는 조직의 역량을 판단하는 가장 핵심적인 사항입니다. 그러나 전쟁에서 물자가 부족하면 아무리 좋은 인적 자원을 가지고 있어도 승리를 장담하기 어렵습니다. 풍족한 군량, 튼튼한 재정, 질 좋은 군마는 국가 경제력 수준을 가늠할 수 있는 잣대입니다. 동시에, 전쟁을 일으키고 또 지속 가능하게 하는 물질적 기반을 판단하는 기준입니다.

물질적 기반이 탄탄하면 조직의 생명력을 강화할 수 있지만 기반이 약하면 조직을 유지할 수 있는 힘이 부족해 무너지게 됩니다. 환경 요소는 자연적 환경과 정치적 환경으로 나눌 수 있습니다. 지형의 험준함은 자연적 환경 요소에 해당하고 인근 국가와의 외교 상황은 정치적 환경 요소에 해당합니다. 이 두 가지는 형세 판단에 해당되며, 주어진 상황과 조건을 잘 활용하면 전쟁을 효율적으로 이끌어갈 수 있습니다.

적과 나의 상태를 파악하지 못하고 세운 전략과 전술은 무용지책에 불과하겠죠. 〈췌능〉의 참된 의미는 적과 나의 허실을 알아내서 적의 약점은 공격하고 나의 약점은 보완하라는 데 있습니다.

전투의 부담을 더는 법: 경전(輕戰)

〈경전〉은 유비무환을 강조한 〈계비〉의 후속 장이라고 할 수 있습니다. 경전(輕戰)이란 전투를 가볍게 한다는 뜻으로, 〈경전〉에서는 전투의 부담을 덜 수 있는 방법을 얘기합니다. 전투의 부담을 덜게 해주는 대비란 구체적으로 무엇을 의미할까요.

비(備)란 군대 육성, 무기 확보, 수레 정비, 전략과 전술을 익히고 이에 따라 병사를 훈련하는 물리적인 대책은 물론, 더 나아가 적에게 용감하게 맞서기 위한 정신적 대비까지도 모두 포괄합니다. 즉 공격과 수비를 위한 철저한 물질적 대비 및 심리적 무장까지 갖추고 있어야 전쟁에 대한 부담을 덜 수 있는 셈입니다.

벌레가 독침을 쏘는 것은 독의 힘에 기대기 때문이고 병사들이 용감하게 싸울 수 있는 것은 대비한 바를 믿기 때문이다. 무기가 예리하고 갑옷이 견고한 까닭에 병사들은 전투 부담을 덜 수 있다. 그러므로 갑옷이 견고하지 않으면 맨몸으로 싸우는 것과 같고, 활을 쏘고도 맞히지 못한다면 화살이 없는 것과 같으며, 맞혔는데 뚫고 들어가지 못하면 화살촉이 없는 것과 같고, 척후병이 제대로 정찰하지 못하면 눈이 없는 것과 같으며, 장수가 용감하지 않으면 장수가 있어도 없는 것과 같다.

원문에서 말했듯 예리한 무기와 견고한 갑옷은 전투에 대한 부담을 덜게 해줍니다. 마치 벌이 독침의 힘에 기대는 것처럼 말이지요. 군인에게 무기와 갑옷은 무장을 위한 필수 도구입니다. 무기는 적을 무찌르기 위해, 갑옷은 몸을 보호하기 위해 반드시 필요합니다. 공격을 위한 무기만 있어서도 안 되고 수비를 위한 갑옷만 있어서도 안 됩니다. 반드시 무기와 갑옷 둘 다 갖추어야만 합니다. 그런데 무기와 갑옷을 구비해두었다고 해서 대비를 마쳤다고 할 수는 없습니다. 무기와 갑옷이 제 역할을 해낼 수 있을 때 비로소 제대로 된 대비를 한 것이기 때문이죠. 무기는 적의 단단한 갑옷을 뚫을 수 있도록 날카로워야 하고 갑옷은 적의 예리한 무기를 막아낼 수 있을 만큼 견고해야 합니다. 무기가 예리하지 않아 적을 명중시켰는데도 뚫고 들어가지 못한다면 아예 무기가 없는 것만 못합니다. 갑옷을 입었는데도 견고하지 않아 몸을 보호할 수 없다면 맨몸으로 싸우는 것만 못합니다. 그러므로 무기는 날카롭게 정비해두고 갑옷은 견고하게 마련해두되, 적절한 훈련도 함께 받아 이들을 최대한 활용할 수 있어야 합니다.

　제대로 공격하기 위해서는 공격 무기인 화살촉을 날카롭게 갈아두어야 합니다. 화살촉을 날카롭게 갈아두었다면 화살을 쏘는 훈련을 받아야 합니다. 그래야 비로소 공격을 위한 대비를 마친 것입니다. 화살촉을 날카롭게 갈지 않아서 명중했는데도 뚫고 들어갈 수 없다면 대비에 실패한 것이요, 화살촉을 날카롭게 갈았는데도 훈련이 부족해 적을 쏘아 맞히지 못한다면 이 또한 대비에 실패한 격입니다. 제대로 방어하기 위해서는 갑옷이 견고해야만 합니다. 갑옷을 준비했는데도 견고하지 않아 적의 창칼이 쉽게 뚫고 들어온다면 갑옷은 그저 거추장스럽고 불편한 장식품에 불과하겠죠. 갑옷이라면 적어도 적의 화살이 쉽게 뚫고 들어오지 못하도록 견고하게 만들어야 합니다. 그래야 비로소 수비를 위한 대비를 마쳤다고 할 수 있습니다.

맡은 임무에 따라 역할이 다르듯 임무에 따라 공격과 수비 방식도 달라지기 마련입니다. 보병들은 뛰고 걷기에 편안한 가벼운 갑옷을 입어야 하며, 선봉대로 서는 기병은 전신을 보호할 수 있는 갑옷을 둘러야 합니다. 보병은 가벼운 갑옷을 입어야 자신의 주특기에 맞는 창과 검을 지닐 수 있으며, 선봉대는 전신을 단단히 감싸고 있어야 적의 활이나 칼로부터 몸을 보호할 수 있습니다. 공격과 방어는 서로 분리될 수 있는 상대적 개념이 아닙니다. 독립적이되 병존해야 합니다. 공격할 힘이 없어서 방어한다거나, 공격할 힘이 넘쳐서 방어할 필요가 없다고 생각하는 군대가 있다면 온전히 대비하지 못한 것입니다. 공격과 방어는 마치 한 몸처럼 서로 조화와 균형을 이루어야 합니다.

군대는 다양한 직책과 임무로 구성되고 운영되는 조직입니다. 각기 직책에 따라 규율과 질서로 움직입니다. 임무를 효율적으로 수행하기 위해서 장수는 반드시 병사들의 재능을 고려해 그들의 능력에 따라 일을 맡겨야 한다고 했습니다. 병사가 몸이 잰지, 발은 빠른지, 험한 곳은 잘 오르내리는지, 힘이 센지, 무예에 능한지 등, 병사들이 지닌 강점과 장점을 파악해 적재적소에 배치해 군대를 구성해야 합니다.《반경》〈연사(練士)〉를 살펴보면 병사들의 임무가 참으로 다양함을 알 수 있습니다. 책사(策士), 천문가(天文家), 지리 전문가, 병법가(兵法家), 식량을 운송하는 사람, 군사 전술과 군대의 향후 방향을 결정하는 사람, 북과 깃발로 신호하는 사람, 참호와 보루 건축을 담당하는 사람, 군대에서 발생하는 온갖 문제를 해결하고 정보를 공급하는 사람, 적을 염탐하는 사람, 전파와 선전을 담당하는 사람, 적의 동향을 관찰하는 사람, 점술가, 회계와 재무를 담당하는 사람, 의약과 치료를 담당하는 사람 등 그 임무를 다 기술하기도 힘들 만큼 다채롭습니다. 이렇게 능력에 따라 임무를 부여받은 병사는 자신이 맡은 임무를 잘 수행해내야 합니다. 활을 쏘는 자는 적을 쏘아 명중시켜야 하고, 검과 창을 쓰는 자는 무예를 익혀 적을 쓰러뜨려야 하며, 북을 치는 자는 나아가고 물러날 때 명령에 따라 정확하게 신호해야 하며, 척후병은 적을 정찰하고 탐색해 정확한 정보를 전달할 수 있어야 합니다.

만약 자신의 맡은 바 임무를 온전히 수행하지 못한다면 공격이든 수비든 틈이 생기기 마련입니다. 그래서 척후병이 제대로 정찰하지 못하면 눈이 없는 것과 같다고 했습니다. 척후병은 정찰 임무를 맡습니다. 척후병이 가져온 정보는 공격과 수비의 방향을 정하는 데 결정적인 역할을 합니다. 그 정보에 따라 군대는 나아갈지 멈출지 혹은 후퇴할지에 관한 구체적인 방책을 마련합니다. 그러므로 정찰은 공격과 수비와 상관없는 별개의 부분이 아니라 공격과 수비를 완전하게 만들어주는 연결고리입니다.

공격이든 수비든 정찰이든, 병사의 능력을 간파하고 필요나 상황에 맞게 임무를 맡기는 자가 바로 장수입니다. 장수의 지휘는 전투의 요체라고 할 수 있습니다. 군대는 장수의 지휘에 따라 움직이는 조직이므로, 장수의 능력이 곧 군대의 승패를 좌우한다고 해도 과언이 아니죠. 그런데 그러한 장수가 용감하지 않다면 장수가 없는 것과 마찬가지입니다. 무기도 갑옷도 다 갖추었는데 용기가 없다면 과연 전쟁에 나가서 제대로 싸울 수 있을까요. 용기를 잃은 병사 하나만 있어도 군대가 위태로워질 수 있는 상황에서 그 군대를 지휘하는 장수가 용맹하지 않다면 전투의 승패는 말로 설명할 필요도 없을 것입니다.

공격, 수비, 정찰, 지휘는 하나의 유기체와 같이 움직이되 그중 하나라도 결여되어서는 안 됩니다. 이 네 가지 요소를 두루 갖췄을 때 군대는 전투를 위한 온전한 대비를 했다고 말할 수 있습니다. 또한 네 요소를 완전하게 대비한 군대만이 전투의 부담을 덜 수 있습니다.

지형을 이용하다: 지세(地勢)

〈지세〉는 지형의 운용에 대해서 서술한 장입니다. 지형을 살핀다는 것은 〈병세〉에서 언급한 것처럼 지형의 험준함과 평탄함, 물길의 방향과 흐름, 협곡과 동굴의 위치와 규모, 길이 나 있는 상황을 살피는 것입니다. 지형을 파악하고 이용하는 것은 병법의 기초입니다. 전쟁터의 지형을 모르고서는 상황에 맞는 전술을 세울 수 없기 때문에 승리할 수 있는 가능성이 희박해집니다. 그렇기에 손자는 "지형을 알고 전투에 이용할 줄 아는 자는 반드시 승리하고 지형을 모르고 전투를 벌이는 자는 반드시 패한다"라고 했습니다. 또 이 책《장원》에는 "일찍이 전장의 지세를 알지 못하고 승리를 거둔 적은 없었다"라는 말이 실려 있습니다. 위에서 알 수 있듯 지형을 파악하는 일이 곧 전투의 승패로 직결될 수 있음을 간과해서는 안 됩니다.

〈기형〉에서는 "어리석음으로 지혜로움을 이기는 것을 역(逆)이라고 하고 지혜로움으로 어리석음을 이기는 것을 순(順)"이라고 했습니다. 혹여 지형을 모르고 전투에서 승리했다고 하더라도 그것은 우연히 얻어진 결과이지 결코 순리라고 하기는 어렵습니다. 그래서 장수는 반드시 전쟁터의 지형적 특징을 철저하게 분석하고 전술에 반영해야 했습니다. 고구려의 을지문덕 장군은 살수대첩에서 30만 대군을 물리쳤고, 고려의 강감찬 장군은 귀주대첩에서 거란의 10만 대군을 물리쳤으며, 이순신 장군은 임진왜란의 숱한 해전에서 열세한 전력으로 수십 배에 달하는 왜적 함대를 물리쳤습니다. 모두 지형적 특성을 최대한 활용한 전술을 썼기 때문입니다. 그렇다면 구체적으로 어떤 지형에서 어떤 용병술을 써야 할까요?

지세를 잘 활용하면 전투에 도움이 된다. 일찍이 전장의 지세를 알지 못하고 승리를 거둔 적은 없었다. 나무가 무성한 숲과 나무가 없는 민둥산, 구릉과 하천이 있는 곳은 보병을 쓸 만한 땅이다. 고원과 협곡이 연이어 펼쳐진 곳은 전차와 기병을 쓸 만한 땅이다. 골짜기를 굽어볼 수 있는 산비탈이나 깊은 계곡을 끼고 있는 높다란 숲은 활과 쇠뇌를 쓸 만한 땅이다. 풀이 낮게 자란 평지는 전진과 후퇴가 용이하므로 장창을 쓸 만한 땅이다. 갈대가 무성하고 대나무가 빽빽하게 자라난 곳은 단창을 쓸 만한 땅이다.

〈지세〉에서는 다섯 가지 지형을 구분해 논의하고 있습니다.

나무가 무성히 자란 숲과 나무가 없는 민둥산, 구릉과 하천이 있는 지역을 중국 지도에서 찾아본다면 아마도 중원 지역일 것입니다. 중원은 비교적 평탄한 지대로 보병전을 위주로 전투가 치러졌습니다. 보병부대는 육지에서 벌어지는 전투의 주축이 됩니다. 이런 지대에서 보병은 전열을 갖춰 행군하는 데 유리하고 다양한 진법을 구사할 수 있다는 장점이 있습니다.

고원과 협곡이 길게 이어져 있는 지대는 중국 서북부 지역에서 찾아볼 수 있습니다. 중국의 4대 고원인 청장고원, 내몽고고원, 운귀고원, 황토고원을 떠올려보면 그 지형적 특징을 파악할 수 있습니다. 역사적으로 서북부 지역의 이민족들이 강력한 기병 전력을 기반으로 중원 국가를 위협했던 것을 상기해보면 이곳이 전차와 기병의 땅이라는 말에 수긍할 수 있습니다.

골짜기를 굽어볼 수 있는 산비탈이나 깊은 계곡을 끼고 있는 높다란 숲에서는 활과 쇠뇌의 공격력이 배가됩니다. 활과 쇠뇌는 원거리 공격이 가능하다는 점에서 평지전에서도 유용하지만 높은 위치에서 아래로 공격하면 압도적인 무기가 됩니다. 중력의 힘을 이용하면 힘을 덜 들이고도 훨씬 치명적인 공격을 가할 수 있기 때문이죠. 게다가 몸을 숨길 수 있는 자연적인 은폐물이 많기 때문에 궁병을 쓰기에 최적화된 공간이라 할 수 있습니다.

풀이 낮게 자란 평지에서는 길이가 긴 무기를 휘둘러도 걸리적거리는 것이 없으므로 장창을 쓸 만한 땅입니다. 그러나 장창이 아무리 살상력이 뛰어난 무기라고 해도 시야가 가릴 정도로 초목이 무성하게 자란 곳에서는 제대로 위력을 발휘하지 못합니다. 따라서 갈대가 무성하고 대나무가 빽빽하게 자란 곳에서는 장창이 아닌 단창을 써야 한다고 한 것입니다.

이처럼 〈지세〉에서는 지형적 특징을 고려해 그에 맞는 부대와 무기를 써야 한다고 했습니다. 물론 오늘날에는 창이나 활을 쓰지 않기 때문에 이 장에서 제시한 군사 지식의 유용도가 높다고 하기 어렵습니다. 그러나 중요한 사실은 인지제의(因地制宜)의 원칙에 따라 전장의 지형과 군대의 상황을 종합적으로 판단해 전략전술을 세워야 한다는 점입니다.

장수의 성향을 이용하다: 정세(情勢)

〈정세〉는 적장의 성향을 파악해 전술에 이용하는 법을 논한 장입니다. 군대는 다양한 구성원으로 이루어져 있지만 그중에서도 가장 중요한 사람을 꼽자면 최고 결정권자인 장수일 것입니다. 그의 판단과 결정에 따라 전군이 움직이기 때문입니다. 적장의 성향을 이용하라는 것은 그의 심리를 불안정하게 만드는 전술을 세우라는 뜻입니다. 적장의 성향을 파악해 장단점을 분석하고 단점을 공략하는 방법을 쓰면 전세의 주도권을 쥘 수 있습니다.

장수 중에는 이런 자들이 있다. 용맹해서 죽음을 가벼이 여기는 자, 성급해서 참을성이 없는 자, 탐욕스러워 이익을 밝히는 자, 인자하지만 모질지 못한 자, 지략이 넘치지만 겁이 많은 자, 계책을 세울 줄 알지만 행동력이 떨어지는 자가 있다. 그러므로 용맹해서 죽음을 가벼이 여기는 장수에게는 격분시키는 방법을 쓸 수 있고, 성급해서 참을성이 없는 장수에게는 시간을 끄는 방법을 쓸 수 있으며, 탐욕스러워 이익을 밝히는 장수는 물질로 회유하는 방법을 쓸 수 있다. 인자하지만 모질지 못한 장수에게는 고달프게 하는 방법을 쓸 수 있고, 지략이 넘치지만 겁이 많은 장수에게는 궁지로 모는 방법을 쓸 수 있으며, 계책을 세울 줄 알지만 행동력이 떨어지는 장수에게는 불시에 공격하는 방법을 쓸 수 있다.

〈정세〉에서는 장수의 성향을 여섯 가지로 나눈 후 약점을 겨냥한 공략법을 제시했습니다. 첫 번째 유형은 용맹해서 죽음을 가벼이 여기는 장수입니다. 장수의 용맹함은 부하들의 사기를 북돋습니다. 하지만 용맹함이 과해 무모함이 되어버리면 부하들을 사지로 몰아넣을 수 있습니다. 소식(蘇軾)은 〈유후론(留侯論)〉에서 "평범한 사람은 치욕을 당하면 검을 빼들고 앞장서 싸우는데 이는 용감한 것이 아니다. 천하에 큰 용기가 있는 사람은 갑자기 일을 당해도 놀라지 않으며 까닭 없이 해를 당해도 성내지 않는다"라고 했습니다. 장수에게 요구되는 용(勇)이란 바로 이런 것입니다. 적장의 용감함과 용맹함이 필부 수준에 그친다면 그를 격분시키는 방법을 써야 합니다.

두 번째 유형은 성급해서 참을성이 없는 장수입니다. 성미가 급한 장수는 속전속결로 승부를 가리고자 할 것입니다. 전투가 길어지면 적장은 초조해질 것이고, 서둘러 전투를 벌이고자 하는 마음이 앞서 아군이 파놓은 함정을 알아차리지 못하고 유인책에 걸려들기 쉽습니다. 상대가 물불 안 가리고 돌격해 오면 맞붙어 싸우기보다는 지구전과 게릴라전을 써서 지치게 만들어야 합니다.

세 번째 유형은 탐욕스러워 이익을 밝히는 장수입니다. 사람이 욕심에 사로잡히면 욕심나는 것 외에는 아무것도 보이지 않는 법입니다. 탐욕의 대상은 물질일 수도, 사람일 수도 있습니다. 탐욕에 눈이 먼 사람은 욕심나는 것을 얻기 위해 다른 것들은 뒷전으로 밀어버리죠. 군대의 이로움을 위해서가 아니라 사사로운 욕심을 채우는 데 혈안이 되어 있는 자라면 군대의 안위보다는 개인이 취할 수 있는 이득에만 관심을 둡니다. 그러므로 뇌물을 보내 매수하는 방법을 쓸 수 있습니다.

네 번째 유형은 인자하지만 모질지 못한 장수입니다. 앞서 〈장교린〉에서 살펴본 것처럼 장수가 지나치게 인색하면 주변에 인재가 모이지 않습니다. 인색함을 극복할 수 있는 대안으로는 인자함을 생각해볼 수 있습니다. 그러나 반대로 인자함이 지나치면 함께 일을 도모하기 어렵지요. 전장이란 무수한 변수가 존재하기 마련이고 게다가 시시각각 상황이 변합니다. 때로는 위험을 감수하고서라도 과감한 결단을 해야 하는 상황에 맞닥뜨리기도 합니다. 그런데 병사를 아끼는 마음이 지나쳐 빠른 결단을 내리지 못한다면 그만큼 대응이 늦어지고 결국 승패의 향방도 가늠할 수 없을 것입니다. 장수가 인자함을 갖췄다는 것은 충분히 장점이 될 만한 부분입니다. 하지만 명확한 판단력과 단호한 실행력이 함께 구비되어야 제대로 빛을 발할 수 있다는 사실을 놓쳐서는 안 됩니다. 만일 적장의 기질이 인자함에 치중해 있다면 심리적 타격을 가할 수 있는 전술로 지치게 만들어 안정감을 무너뜨리는 것도 고려해볼 만합니다.

다섯 번째 유형은 지략은 넘치지만 겁이 많은 장수입니다. 지략은 전쟁의 흐름과 정세에 따라 전투를 운용하는 능력입니다. 지략이 뛰어나면 대응책 마련에 일가견이 있을 것입니다. 그러나 지략이 넘쳐도 행동으로 옮길 수 있는 과감함이 없다면 아무리 좋은 계책도 무용지물에 불과하죠. 적장이 이런 유형에 속하면 지략으로 대응할 수 있는 방법을 하나씩 차단해 궁지로 몰아서 공격해야 합니다.

여섯 번째 유형은 계책을 세울 줄 알지만 행동력이 떨어지는 장수입니다. 전투에서 승패의 핵심은 공격의 타이밍에 있다고 해도 과언이 아닙니다. 그런데 장수의 성향이 느긋해 계책을 세울 때 공격 시기를 충분히 고려하지 않는다면 공격 방법이 아무리 뛰어나도 승리하기 어렵습니다. 이런 성향을 가진 적장을 상대할 때는 불시에 기습을 가해야 합니다.

상술한 전술의 공통점은 적장의 성향을 파악해 심리적으로 불안정하게 만드는 공격을 펼쳐야 한다는 데 있습니다. 여섯 가지 유형의 성향은 적장뿐 아니라 아군의 장수에게도 적용됩니다. 그러므로 상대를 파악하는 동시에 자신의 성향을 파악하고 약점이 될 수 있는 부분을 자각해 적에게 틈을 보이지 않도록 주의해야 합니다.

적의 정황을 이용하다: 격세(撃勢)

전투에서 공격의 타이밍이 중요하다는 것은 《장원》에서 여러 차례 언급한 바 있습니다. 아무리 빈틈없이 꼼꼼하게 계획을 세웠다고 해도 공격할 시기를 놓치면 무용지물이 되고 맙니다.

옛날에 전투에 능한 장수는 먼저 적의 동정을 살핀 뒤에 작전을 도모했다. 군대는 지쳐 있고 군량은 바닥났으며, 백성의 근심과 원성은 자자하고 군령은 거의 지켜지지 않으며, 무기는 아예 정비되어 있지 않고 계획은 사전에 세워지지 않으며, 외부에서 구원병은 도착하지 않고 장수와 관리들은 병사들을 가혹하게 착취하며, 상벌의 원칙은 해이해지고 진영의 질서는 흐트러지며, 승전에 들떠 교만해진 상태라면 선제공격이 가능하다.

원문에서 언급했다시피, 적군의 전력을 파악하여 선제공격이 가능한 열 가지 상황은 다음과 같습니다. 첫째, 군대가 지쳐 있고 군량이 바닥난 상태입니다. 전쟁이 길어지면 식량은 바닥나고 사람도 지칩니다. 정신적, 신체적으로 피폐해진 병사들은 행군할 힘조차 없습니다. 그래서 마치 노인처럼 무기를 지팡이 삼아 걷게 됩니다. 굶주리고 지친 군대는 사기가 바닥으로 떨어진 상태이므로 지체 없이 공격해야 합니다.

둘째, 백성의 근심과 원성이 자자합니다. 손자의 말에 따르면 백성은 전쟁으로 인해 가진 재산의 7할을 잃어버리게 됩니다. 또한 건장한 남자들은 군대에 차출됩니다. 당연히 전쟁은 백성에게 큰 부담입니다. 만약 명분 있는 전쟁이라면 백성이 똘똘 뭉쳐 승리를 위해 애쓰겠지만 그렇지 않다면 불만을 품게 됩니다. 근심과 원성이 자자하다는 것은 그들이 처한 상황에 불만이 가득하다는 것이므로 그 상황을 이용해 내란을 일으키면 수월하게 적을 공략할 수 있습니다.

셋째, 군령이 거의 지켜지지 않습니다. 병사들이 군대의 지휘 체계를 숙지하지 못했다면 장수가 명령을 내려도 그에 따라 움직이지 못합니다. 이는 병사들의 훈련도가 떨어졌기 때문일 수도 있고 장수의 명령이 자주 번복되는 탓에 병사들이 무엇을 따라야 할지 혼란스러워졌기 때문일 수도 있습니다. 이럴 경우 자중지란을 일으키는 방법을 쓸 수 있습니다.

넷째, 무기가 정비되어 있지 않습니다. 칼이나 화살촉이 정비되어 있지 않으면 적을 공격해도 큰 타격을 입히지 못하고, 갑옷이 정비되어 있지 않으면 적의 공격으로부터 자신을 보호하지 못합니다. 수레가 정비되어 있지 않으면 군수 물자를 실어 나르는데 지장이 생깁니다. 무기가 정비되어 있지 않은 것은 군대가 지쳐서일 수도 있고 수리에 필요한 물자가 부족해서일 수도 있습니다. 이럴 경우 날카로운 무기로 먼저 공격을 가하면 적에게 치명타를 입힐 수 있습니다.

다섯째, 계획이 사전에 세워지지 않았습니다. 계획을 세우는 것은 적군과 아군의 역량을 비교하고 동정을 살펴 구체적인 전술을 세우는 일입니다. 적군이 계획을 세우기 전이라면 대책을 마련할 틈을 주지 않고 공격해야 합니다. 제갈량은 "예상치 못한 때에 출격하고 방비가 없을 때 공격하라"라고 했습니다. 상대방이 미처 상황을 판단하기도 전에 공격해야 합니다. 예기치 않은 공격이 치명적인 법입니다.

여섯째, 외부에서 원군이 오지 않습니다. 전쟁은 특정 공간에서 한정된 병력과 물자를 가지고 싸우는 일입니다. 적군의 병력이 보강된다면 신중하게 계책을 세워 움직여야 하지만 외부에서 원군이 올 수 없는 상황이라면 시간을 끌지 말고 속전속결로 전투를 마무리 지어야 합니다.

일곱째, 장수와 관리들이 가혹하게 착취합니다. 강태공은 "용병의 도는 사람들을 하나로 만드는 것에 지나지 않는다"라고 했습니다. 장수와 병사들의 일치된 마음은 전장에서 승리를 거둘 수 있는 원동력입니다. 그런데 장수와 관리가 가혹하게 착취한다면 핍박받는 병사와 백성은 불만을 갖게 될 것입니다. 내부 단결에 금이 간 틈을 놓치지 않고 공격하면 와해시킬 수 있습니다.

여덟째, 상벌의 원칙이 지켜지지 않습니다. 상벌의 원칙이 해이해진 것은 장수의 권위가 떨어졌다는 것을 의미합니다. 또한 상벌의 기준이 자주 바뀌어서 군사들의 신뢰를 잃은 상태를 의미하기도 합니다. 공을 세워도 그에 합당한 상을 받지 못하고 죄를 지어도 그에 상응하는 벌을 받지 않는다면 그 조직에 남아 있을 사람은 없을 것입니다.

아홉째, 진영의 질서가 흐트러졌습니다. 진영의 질서가 흐트러졌다는 것은 기강이 해이해진 상태를 나타내는 징후입니다. 어떠한 조직이든 체계를 유지하기 위해서는 법과 규칙이 필요합니다. 법과 규칙이 지켜지지 않으면 군대 기강이 흐트러지고 전력에도 영향을 줍니다. 장수가 명령을 내려도 제대로 전달되지 않고 제대로 전달됐어도 병사들이 전력을 다하지 않기 때문에 이때 공격하면 적을 쉽게 제압할 수 있습니다.

열째, 승전에 들떠 교만합니다. 승전에 들떠 교만해진 상태에서는 기분에 도취되어 사리판단을 정확히 할 수 없습니다. 승리를 이어가려는 데 혈안이 되면 형세 판단에 소홀해지기 때문에 퇴각하는 척 유인해 공격하면 승리할 수 있습니다.

선제공격의 핵심은 적군 내부에 생긴 틈을 놓치지 않는 데 있습니다. 지휘 체계의 공백, 지휘관 간의 불화, 상벌 체계의 해이함은 모두 전략 수립에 이용할 수 있는 적의 약점이 됩니다. 적의 약점을 파악했다면 놓치지 않고 공격을 감행해야 합니다.

그런데 〈격세〉의 묘미는 약한 적을 상대로 선공을 펼치는 것보다는 강한 적을 상대로 공격 타이밍을 잡는 데 있습니다. 그래서 적군이 공격하기 어려운 상대임을 나타내는 다섯 가지 상황도 이어서 언급하고 있습니다.

만약 현명하거나 유능한 인재를 등용하고, 군량이 충분히 넉넉하며, 갑옷과 무기가 견고하고 예리하며, 주변 국가와 화목하고 대국의 지원을 받고 있는 적이라면 시일을 끌어 후일을 도모해야 한다.

원문을 살펴볼까요. 첫째, 현명하거나 유능한 인재를 등용하고 있습니다. 인재는 곧 조직의 경쟁력입니다. 한 조직을 이끄는 리더가 현명하고 그를 보좌하는 부하들이 유능해 각자의 위치에서 자신의 몫을 충분히 해내고 있다면 쉽게 공격해서는 안 됩니다. 상대방에게 지략이 풍부한 참모진이 있다면 더욱더 신중을 기해야 합니다. 섣불리 공격했다가는 상대에게 역공을 당하기 쉽습니다.

둘째, 군량이 넉넉합니다. 전쟁이 길어질 경우 군량을 더 많이 확보하고 있는 쪽이 유리합니다. 아무리 좋은 계책을 세우고 대비에 충실했다고 해도 상대방이 험한 지형에 의지하고 풍족한 양식을 확보하고 있다면 공략하기 쉽지 않습니다. 이럴 때는 상대의 군량이 떨어지길 기다리거나 좀 더 적극적으로 나서서 보급을 차단해야 합니다.

셋째, 갑옷과 무기가 견고하고 예리합니다. 이는 전투에 필요한 대비에 만전을 기하고 있다는 뜻으로 볼 수 있습니다. 준비되어 있는 적을 공격하는 일은 큰 희생을 수반합니다. 아군의 피해를 줄일 수 있는 계책을 세워 공격해야 합니다.

넷째, 주변 국가와 화목합니다. 주변 국가와 관계가 우호적이라면 상대방이 원군을 요청할 경우 응할 가능성이 높습니다. 그러므로 사전에 외교 관계를 끊는 방법을 써야 합니다.

다섯째, 대국의 지원을 받고 있습니다. 이는 상대방이 국력이 강한 국가와 동맹 관계를 맺고 있다는 뜻입니다. 동맹 관계를 맺고 있다면 대국에서 분명 지원군을 보낼 것이므로 아군에게 매우 불리합니다. 대국이 움직이지 못하게 먼저 손을 써야 합니다.

적이 강하다면 무모하게 부딪쳐서는 안 됩니다. 작전상 후퇴할 때는 과감하게 후퇴하고 유리한 상황이 되었을 때는 무서운 기세로 공격해야 이길 수 있습니다. 오기는 상대를 공격하기 전에 "가능성이 보이면 나아가고, 어려움이 예상되면 물러나라(見可而進, 知難而退)"라고 했습니다. 공격이 가능하다고 판단되면 주저하지 말고 진격해야 하며, 난관이 예상되면 병사들을 철수시켜야 한다는 말입니다. 〈격세〉에서는 "시일을 끌어 후일을 도모해야 한다(引而計之)"라고 했습니다. 적이 무섭게 추격해 오는데 적에 맞설 수 없는 상황이라면 후퇴해서라도 후일을 도모해야 한다는 말입니다.

그런데 시일을 끈다는 것을 적극적인 후퇴 방법으로도 해석할 수 있습니다. 아군이 열세에 있다면 곧바로 진격하지 말고 시일을 끌어 상대를 공략할 계책을 세워 역공의 틈을 노리는 것입니다. 시일을 끈다는 의미의 인(引)에는 '당기다' '물러나다'라는 뜻이 있습니다. 언뜻 생각하기에는 당기는 것과 물러나는 것이 상충하는 것처럼 보입니다. 당긴다는 것은 상대를 내 쪽으로 끌어당긴다는 것이고, 물러난다는 것은 내가 방향을 틀어 후퇴하는 것이라고만 생각하기 쉽습니다.

그러나 고무줄놀이를 할 때 고무줄을 느슨하게 놓았다 당기는 모습을 상상해보면 어떨까요. 이미 상대와 교전이 벌어진 상황에서 아군이 열세에 놓여 있다고 해서 무작정 퇴각만 생각할 수는 없는 노릇입니다. 팽팽했던 고무줄을 느슨하게 놓아 시일을 확보하고 그사이 후일을 도모할 계책을 세워야 합니다. 양쪽에서 팽팽하게 당겼던 고무줄을 어느 한쪽이 확 놓아버리거나 느슨하게 만들면 다른 한쪽은 적잖이 당황할 수밖에 없습니다.

마찬가지로 퇴각이나 철수를 결정한다고 해서 반드시 지는 것은 아닙니다. 여기서 후퇴는 완전히 지지 않기 위해 후일을 도모하는 방법에 불과하죠. 이런 작전이 오히려 전화위복의 기회를 제공할지도 모를 일입니다. 아군의 피해를 최소화하면서 전투를 이끌어나갈 수 있는 방법을 고려하고 그에 따른 계책을 세우는 것. 그것이 진정으로 후퇴를 해야 하는 이유입니다.

천 하 를

누 비 며

뜻 을

펼 쳐 라

─────────

제 5 장

짜임새 있는 조직을 만들다: 정사(整師)

흔히 '논리정연하다' '질서정연하다'라고 말할 때의 정연(整然)은 가지런하고 질서가 있음을 가리킵니다. 흐트러진 것을 바로잡는 정리(整理), 갖추거나 준비하는 정비(整備), 줄지어 서는 정렬(整列), 땅을 고르는 정지(整地)라는 말에서 알 수 있듯, 정(整)의 공통점은 그것이 무엇이든 일정한 기준을 두고 가지런히 맞춘다는 데 있습니다. 그러나 조직이란 수많은 구성원이 모인 공간이므로 그곳을 형성하는 구성원의 특성도 제각각이기 마련입니다. 이러한 개별적인 부분을 짜임새 있게 운용해 통일된 하나로 움직이게 만드는 효율적인 방법은 무엇일까요?

〈정사〉는 조직을 운용할 때 일관적인 기준과 효율적인 프로세스 구축이 필요한 이유를 대비(對比)라는 방식을 통해 검증합니다. 일정한 체계를 갖춘 조직이 도달할 수 있는 최상의 상황과 제대로 정비되지 못한 조직이 맞닥뜨릴 수밖에 없는 최악의 상황, 그리고 두 조직이 노출하는 평시와 전시의 모습까지 교직해 서술함으로써 조직 운용 결과의 양극단을 부각시킵니다.

출정하여 움직일 때는 군대가 정연해야 승리한다. 만일 상과 벌이 분명하지 않고, 법률과 명령이 지켜지지 않으며, 징을 울려도 퇴각하지 않고 북을 쳐도 전진하지 않는다면 백만의 군사라 해도 쓸모가 없다. 정연한 군대는 평소에는 예를 다하고 전시에는 위풍이 넘친다. 진격할 때는 당해낼 수 없고 퇴각할 때는 몰아붙일 수 없다. 앞뒤가 긴밀히 연결되고 좌우가 모두 장수의 지휘에 따르니 위태로울 일이 없다. 그러한 부대는 하나가 되어 흩어지지 않으며 전장에 나서서 지치지 않고 싸울 수 있다.

상과 벌, 법률과 명령, 징과 북은 고대 중국에서 군대를 움직이는 최소한의 기준이자 근본 체계입니다. 그래서 강태공은 "형벌이 위에까지 이르고 포상이 아래까지 통하게 해야 한다"라고 했으며, 손자는 "법령을 누가 더 잘 시행하고 있는가, 상벌을 누가 더 분명하게 행하고 있는가를 통해 승패의 향방을 가늠할 수 있다"라고 했습니다.

제갈량 역시 군대를 다스리면서 반드시 금해야 할 금령 일곱 개를 제시함으로써 위험성을 경고한 바 있습니다. 경군(輕軍), 만군(慢軍), 도군(盜軍), 기군(欺軍), 배군(背軍), 난군(亂軍), 오군(誤軍)

이 그것입니다. 모두 징과 북, 그리고 깃발이 전달하는 신호에 제대로 움직이지 않거나, 명령이나 법령에 따르지 않거나, 포상과 분배가 공정하지 않거나, 무기 관리를 소홀히 하거나 혹은 질서를 깨뜨리는 등 조직을 와해시키는 저해 요소가 내포된 부대를 말합니다. 강태공과 손자, 제갈량이 공통적으로 강조하고 있는 것은 비록 최소한일망정 일관적으로 유지되어야 하는 일정한 기준의 중요성입니다.

그렇다면 상벌과 법령으로 대변되는 기준이 명료하게 지켜지지 않는 원인은 어디에 있을까요. 가장 문제가 되는 대표적인 두 가지는 다음과 같습니다. 군대 전체가 경시할 정도로 상벌과 법령 자체에 실질적인 권위가 없는 경우가 그 하나입니다. 기준과 적용 범위가 수시로 바뀌는 탓에 군대 전체에 혼동을 주는 경우가 다른 하나입니다. 상과 벌, 법률과 명령 체계가 평상시에도 엄격하지 않은데 위급한 전시 상황에서 분명하게 지켜질 리 만무합니다. 퇴각하라고 징을 울려도 병사들이 후퇴하지 않고 전진하라고 북을 쳐도 진격하지 않는다면 아무리 백만 군사가 집결해 있다 해도 승전을 장담할 수 없겠죠. 어쩌면 백만이라는 막대한 숫자가 좌충우돌 빚어내는 혼란한 상황이 오히려 적군보다 아군에 독이 되는 역설을 불러오기도 할 것입니다. 이와는 반대로 상, 벌, 법령 체계를 준엄하게 지키는 조직이라면 어떨까요?

〈정사〉에서 명시하기를, 정연한 군대에서는 "평소 예를 다한다(居則有禮)"라고 합니다. 또 "전시에는 위용과 위풍이 넘친다(動則

有威)"라고도 합니다. 이는 군대 전체를 관통하는 일정한 내재율이 있음을 암시합니다. 예(禮)란 인간의 도덕성을 발현하기 위한 구체적 실천 원리이자 풍속이나 습관으로 형성된 사회적 행동 지침입니다. 위(威)란 권위, 세력, 당당함, 힘 등이 집약되어 드러나는 기운이나 모양을 가리킵니다. 즉 정연한 군대란, 평시에는 예를 실천함으로써 아군에게는 인간으로서의 예우를 다할 뿐 아니라 군대의 질서를 흐트러뜨리는 법이 없고, 전시에는 위를 드러냄으로써 위풍당당하고 비상(非常)한 기세로 적군에게 공포감을 안겨줍니다. 정연한 군대에서는 그것이 무엇이든 있어야 할 곳에 반드시 놓여 있고 구성원 모두가 행해야 할 바를 충분히 알고 있습니다. 스스로가 정돈한 채 준비하고 있기에 불필요한 에너지 소모가 없으며, 합심해야 하는 시점에 전체가 하나가 되어 흩어지지 않으니 집중력이 발휘되어 지치지 않고 싸울 힘을 얻는 것입니다. 이야말로 최고의 조직 결속이 보여주는 최상의 결과라 할 만합니다.

여기서 최소한의 동력으로 대규모의 인원을 관리·운용할 수 있는 효율적인 방법에 대한 한 가지 단초가 제공됩니다. 불교에서 주창하는 윤회설에서 최고의 윤회는 다음 생에 좋은 몸이나 좋은 조건을 받아서 태어나는 것이 아니라 더 이상 윤회하지 않는 것, 즉 윤회의 고리에서 벗어나는 것입니다. 이 윤회를 끊는 가장 근원적인 방법으로 제시된 것이 바로 습(習)을 바꾸는 것입니다. 우리는 이 '습'이라는 글자가 주는 엄청난 위력을 '습관'이라는 단어를 통해 익히 경험하고 있습니다. 공자를 유학의 최고 학자로 자리매김하게 했던 비결도 습관에 있었습니다. 공자가 지적한 학습(學習), 곧 배워서 익히는 일이란, 습의 단계가 될 때까지 성심을 다해 학문에 힘쓰는 행위에 다름 아닙니다.

《논어》〈양화(陽貨)〉 편에서 공자는 "사람들의 본성은 서로 비슷하지만 습관이 서로의 차이를 만든다(性相近也, 習相遠也)"라고 설파함으로써 인간이 실천할 수 있는 가치 중 하나인 자율성에 무게를 실어줍니다. 군대 전체를 관통하는 내재율을 움직이는 원동력, 평시에는 예로 발현되었다가 전시에는 위로 발현하게 하는 전환 스위치, 비전문가에게서 전문성을 이끌어내도록 밑불을 지피는 근본적인 힘, 그것이 바로 습입니다. 예와 위는 이러한 습을 통해서 나타난 궁극의 결과물, 즉 군대가 보여줄 수 있는 최고의 정연함입니다.

인간의 의지만으로는 그 무엇도 지속하기 어렵습니다. 아무리 희망적인 비전일지라도 그것만으로 조직을 이끌기에는 한계가 있습니다. 유능한 리더라면 권위와 일관성을 갖춘 기준을 설정함으로써 우선적으로 구성원의 신뢰를 확보할 수 있어야 합니다. 그뿐만 아니라 명확한 목표를 제시하고 이를 달성하기 위한 구체적 프로세스를 구축해야 합니다. 〈정사〉는 습을 활용함으로써 그러한 프로세스가 구성원들에게 효과적으로 안착할 수 있음을 환기시킵니다.

습은 모든 것이 저절로 제자리를 찾아가게 만드는 귀소본능 시스템을 가동시킵니다. 이러한 자동 시스템은 일일이 명령하고 간섭하고 통제하지 않아도 구성원 스스로 자신의 역할을 파악하고 자발적으로 제자리를 찾아 할 일을 하게 만듭니다. 조직 전체가 자율적이며 무의식적으로 각자의 역할을 수행하는 경지에 이르면 어떻게 될까요. 평상시에는 소리 없이 물 흐르듯 모든 일이 잠잠히 진행되다가도 위기의 순간에는 조직원 모두가 응집해 폭발적인 힘을 쏟아내게 됩니다. 평상시에는 비축했다가 유사시에는 집중적으로 쏟아내도록 하는 에너지의 원동력이자 내재율을 이루는 근본이 바로 습입니다. 또한 그 결과 구축된 자동 시스템이 〈정사〉에서 강조하는 정연함입니다. 그것을 확립함으로써 원하는 목표를 달성하도록 유도하는 일이 바로 리더가 해야 할 몫입니다.

그러므로 리더의 임무에는 조직에 유해한 습을 차단하는 한편, 유익한 습을 강구하고 정착시키는 방법을 고안하는 일이 포함됩니다. 습으로 완성된 안정된 조직은 긍정적인 질서를 정립하고, 그 정연함 속에서 단련된 구성원은 다시 조직을 이끌 훌륭한 리더로 성장할 수 있습니다. 유능한 리더가 창출한 습은 정연한 조직을 만들어내고, 그 조직은 뛰어난 리더를 탄생시킬 수 있는 토양을 제공하며, 그 토대에서 배출된 리더가 또다시 조직을 최상의 상태로 이끄는 선순환을 형성합니다. 그러니 조직을 운용할 효율적인 프로세스를 습이라는 컨베이어에 올려놓았다면 이제 리더가 할 일은 구성원을 믿고 기다리는 일뿐입니다.

군사를 독려하는 법: 여사(厲士)

〈여사〉의 첫머리는 용병의 이치(用兵之道)라는 문장으로 시작됩니다. 여기서 도(道)란 이치, 도리, 관건이란 뜻으로 해석됩니다. 여사(厲士)란 글자 그대로 풀이하면 병사들을 힘쓰게 한다는 뜻입니다. 즉 병사들의 투지를 드높이는 것이 곧 용병의 이치라는 말입니다.

> 용병의 이치는 다음과 같다. 작위로 존중해주고 재물로 넉넉하게 해주면 병사들이 모이지 않을 리 없다. 예로 대우하고 신의로 독려하면 병사들이 죽음을 무릅쓰지 않을 리 없다. 한결같이 은혜를 베풀고 변함없이 군법을 적용하면 병사들이 복종하지 않을 리 없다. 장수가 몸소 앞장서고 부하들을 뒤에 두면 병사들이 용기를 내지 않을 리 없다. 작은 선이라도 반드시 인정해주고 작은 공이라도 반드시 상을 주면 병사들이 서로 권면하지 않을 리 없다.

《장원》에서 누누이 강조하듯 〈여사〉에서도 물적 자원보다 인적 자원에 무게를 둡니다. 그렇다면 구체적으로 어떻게 병사들을 독려해야 할까요.

첫째, 작위로 존중해주고 재물로 넉넉하게 해주어야 합니다. 인류가 시작된 이래 전쟁은 끊임없이 지속되어왔습니다. 최초의 전쟁은 잉여 재산 때문에 발생했다는 설이 유력하지만, 시대를 거치며 전쟁의 목적도 원인도 각기 다양한 양상을 띠기 시작했습니다. 인류는 때로 영토 확장을 위해, 혹은 명분이나 조약 이행을 위해, 때로는 종교나 문화, 정치나 경제적인 이유를 내세우며 전쟁을 치렀습니다. 전쟁이 어떻게 시작되었든 전쟁을 치르고 있는 사람들 모두는 하나같이 전쟁의 종식을 갈망하는 아이러니에 빠집니다. 그리고 전쟁이 끝나면 지금보다 나아질 것이라는 희망으로 현재의 고통을 감내해냅니다.

현재의 고통을 이겨낼 수 있는 가장 큰 힘은 바로 대가입니다. 고통에 상응하는 대가는 직위 보장과 재물 보상으로 이행됩니다. 〈여사〉에서는 작위를 주어 이를 존중해야 하며, 재물로 넉넉히 채워주어 보상해야 한다고 했습니다. 작위의 작(爵)은 고대의 술잔 모양을 본뜬 글자입니다. 사용하는 사람의 신분에 따라 술잔 모양이 달랐으며, 이로부터 갖가지 벼슬과 지위를 나타내는 글자로 사용되었습니다. 존중하다의 존(尊) 역시 두 손으로 높이 들고 있는 술잔을 형상화한 글자입니다.

작위와 존중이란 글자는 모두 그릇이라는 의미로부터 유래합니다. 사람의 능력을 그릇에 비유해 그릇이 작다거나 크다고 표현하는 관용적인 언어 습관을 감안하면, 작위로써 존중한다는 것은 그가 이룬 업적의 그릇에 맞게 대접해준다는 뜻으로 생각할 수 있습니다.

또한 재물을 나타내는 재(財)는 재산, 재물이나 녹봉 말고도 재능이란 뜻이 있습니다. 넉넉하게 한다는 뜻의 섬(贍)은 재물을 공급해 풍족하게 한다는 뜻입니다. 이루는 만큼 작위와 재물을 하사하면 병사들이 모여들지 않을 수 없습니다.

둘째, 예로 대우하고 신의로 독려합니다. 예란 처음에는 신에 대한 존경을 나타냈는데, 이후 사람에 대한 예의와 예절을 나타내게 됩니다. 장수가 병사를 대할 때 예로써 대우해야 한다는 사항은 수직적인 상하 관계인 장수와 병사 사이에서도 변함없이 예절이 필요함을 상기시킵니다. 신의란 사회적 관계 속에서 인간이 언어로 표현한 바를 거짓 없이 실현한다는 뜻입니다. 장수가 병사를 독려할 수 있는 방법 중 하나가 말한 대로 행하고 약속한 대로 주는 것이죠. 장수가 예의와 신의로 행하면 병사들이 죽음까지도 무릅쓴다고 했습니다.

셋째, 한결같이 은혜를 베풀고 변함없이 군법을 적용합니다. 장수는 병사를 아끼는 마음으로 은혜를 베풀되 그 은혜가 쌓일 수 있도록 꾸준히 베풀어야 합니다. 또한 군법을 적용하는 기준이 명확해 그 대상에 따라 적용하는 범위가 달라져서는 안 됩니다. 만약 장수가 은혜를 베푸는 일을 게을리하지 않고 평등하고 엄격하게 군법을 적용하면 병사들이 복종하지 않을 리 없습니다.

넷째, 장수가 앞장서고 부하들을 뒤에 둡니다. 장수가 앞(先)에 있고 부하들이 뒤(後)에 있다는 선후(先後)는 여러 의미를 함축하는 글자입니다. 창칼이 난무하는 전쟁터에서 장수가 몸소 앞장서 용맹을 떨치고 부하들이 그 뒤를 따르게 한다는 뜻이기도 하고, 장수의 능력이 부하들보다 출중하다는 의미이기도 합니다. 또 장수가 먼저 본보기를 보이고 부하들을 이끈다는 뜻이기도 하죠. 전쟁터에서 앞장서든, 능력 면에서 우세를 보이든, 품성에서 본보기를 보이든, 장수는 부하들보다 앞서야 합니다. 그렇게 하면 병사들이 용기를 내지 않을 리 없습니다.

마지막으로, 작은 선이라도 반드시 인정해주고 작은 공이라도 반드시 상을 줍니다. 대단히 크게 잘하지 않았더라도 항상 인정해주고, 눈부신 업적을 쌓은 것이 아니더라도 그에 걸맞은 상을 내려야 합니다. 잘한 일이 있으면 말로만 칭찬해서는 안 됩니다. 작은 일이라도 반드시 공식적인 문서로 기록해 길이 남을 수 있도록 보존해야 합니다. 그것이 비로소 진정으로 인정해주는 것입니다.

또 작은 공일지라도 그냥 넘어가지 말고 반드시 상을 주어야 합니다. 마음이나 말로만 병사들을 격려하지 말라는 뜻입니다. 길이 기념하고 남길 수 있는 실질적인 기록과 가시적인 물질을 제공해야 병사들을 독려할 수 있습니다. 현대의 군대에서 훈장과 계급장으로 공적을 치하하는 것도 동일한 이유에서죠.

장수가 그의 선과 공을 인정하고 상을 주면 병사들이 서로 권면하지 않을 리 없습니다. 권면한다는 것은 병사들이 서로 권하고 격려해 힘쓰게 한다는 뜻입니다. 권(勸)에는 '좋아하다' '즐기다'라는 뜻이 들어 있습니다. 그러므로 권면은 장수가 일방적으로 병사를 이끌거나 명령하는 것이 아니라 병사 스스로 기꺼이 즐기는 마음으로 애써 일하도록 한다는 의미입니다.

장수가 위에서 제시한 '작위와 재물' '예절과 신의' '은혜와 군법' '솔선수범' '포상'을 실천할 수 있다면 병사들은 저절로 모여들 겠죠. 장수에게 복종하며 서로 권면할 뿐만 아니라 싸움터에서는 죽음을 무릅쓰고 용기를 내어 싸울 것입니다. 이것이 바로 용병의 이치라고 할 수 있습니다.

스스로 힘써야 하는 이유: 자면(自勉)

〈자면〉에서는 장수의 자기 수양 방법과 자기 수양에 힘쓰지 않 았을 때 초래되는 일곱 가지 폐단을 언급합니다. "하늘을 본받고 땅을 본받으며 옛 가르침을 본받으라"라는 이 짧은 문장 안에는 《장원》에서 제시하는 자기 수양 방법의 정수가 녹아 있습니다.

성인은 하늘을 본받고 현자는 땅을 본받으며 지혜로운 이는 옛 가 르침을 본받는다. 교만하면 비방을 자초하고 경망스러우면 재앙을 키운다. 말이 많으면 신임을 얻지 못하고 자신만 떠받들면 남의 도 움을 받지 못한다. 공이 없는 자에게 상을 내리면 사람들이 떠나고, 죄가 없는 자에게 벌을 내리면 원망을 듣게 되며, 기쁨과 노여움의 표현이 타당하지 않으면 자멸한다.

고대 중국에서는 하늘의 운행에 인간의 질서를 대입해 세계 와 인간 존재의 근원을 살피고자 했습니다. 하늘을 본받는다는 것은 우주와 자연의 형이상학적 원리를 고찰해 인간 사회에 적용하는 것을 의미합니다. 성인은 형이상학적 법칙에 따라 세상을 바라보고 다스릴 줄 알았던 사람입니다. 천(天)이란 개념이 추상적이고 관념적이라면 지(地)는 실질적이고 구체적인 사물을 지칭합니다. 땅은 구체적인 물질세계를 의미합니다. 땅을 본받는다는 것은 각자가 처한 환경과 상황에 맞게 대처하는 것을 의미합니다.

현자는 환경과 조건을 정확하게 파악하고 분석해 최적의 대처 방안을 마련할 줄 알았던 사람입니다. 고(古)는 옛 성현의 가르침을 뜻합니다. 옛 가르침을 본받으려면 옛 성현의 삶과 경험이 녹아 있는 기록을 참고해 자신에게 필요한 지혜를 얻어야 합니다. 그런 의미에서 옛것을 따른다는 말은 사람을 본받는다는 뜻으로 해석할 수 있습니다. 지혜로운 자는 옛 성현의 가르침에서 얻은 교훈을 자신이 처한 상황에 적용시킬 수 있는 사람입니다. 결코 옛 가르침을 답습하거나 과거로 회귀하자는 주장이 아닙니다. 《소서》에서는 "옛일을 거울삼아 지금 일을 짚어보면 미혹되지 않을 수 있다"라고 했습니다. 자신이 직접 경험해보지 않았더라도 선험적 지식이 녹아 있는 성현의 말씀을 통해 세상을 살아나가는 지혜를 얻을 수 있다는 말입니다.

장수가 훌륭한 리더로 거듭나기 위해서는 하늘의 법칙, 땅의 법칙, 그리고 사람의 법칙을 본받아 자기 수양에 힘써야 합니다. 아래에서는 장수가 자기 수양에 힘쓰지 않았을 때 초래되는 부정적 결과를 언급합니다.

첫째, 장수는 교만해서는 안 됩니다. 장수가 자신에게 부여된 권위에 도취되어 교만에 빠지면 사람들을 함부로 대하거나 권위를 남용하는 일이 벌어져 주위 사람들에게 비방을 듣게 됩니다. 장수가 부하들로부터 신망을 받기는커녕 비방만 받는다면 주위에 인재가 떠나가 홀로 남게 될 것입니다.

둘째, 장수는 경망스러워서는 안 됩니다. 경망스럽다는 것은 도리나 예법에 어두우면서 언행에 조심스러움이 없다는 뜻입니다. 말과 행동에 신중을 기하지 않고 마음 내키는 대로 한다면 자신이 한 말과 행동을 기억하지 못할 가능성이 크죠. 그러면 뜻하지 않은 화를 입을 수 있습니다. 화를 입는다는 말은 내가 특별히 무엇을 하지 않았는데도 손해를 본다는 것입니다. 그러나 불행이나 재난을 자세히 살펴보면 생각 없이 하는 가벼운 언행이 그 씨앗이 된 경우가 많습니다. 장수의 말과 행동은 무거운 직책만큼 신중해야 합니다.

셋째, 장수는 말이 많으면 안 됩니다. 그래야 신임을 받습니다. 신(信)은 말과 행동이 온전히 부합한다는 의미입니다. 사람들에게 믿음을 주고자 말로만 설득하려고 해서는 안 됩니다. 뱉은 말이 지켜지지 않으면 오히려 신뢰를 잃기 때문이죠. 다른 사람들보다 높은 위치에 있는 장수의 말은 천금처럼 무거워야 합니다. 믿음을 주고자 한다면 말이 아닌 행동으로 보여주어야 합니다. 말은 신중하게, 행동은 민첩하게 하는 것이 이상적인 리더의 모습입니다.

넷째, 장수는 자기 자신을 높여서는 안 됩니다. 자기가 나서서 권위를 확인받으려고 애쓴다면 권위는 바로서지 않습니다. 장수의 권위는 스스로 세우려 할수록 초라해집니다. 장수가 자신을 낮추고 겸손하게 행동하면서 덕을 베풀면 주위에서 알아서 인정해주고 위신을 세워줄 것입니다.

다섯째, 장수는 공이 없는 자에게 상을 주어서는 안 됩니다. 상(賞)이란 공에 상응하는 재물을 준다는 뜻입니다. 부하들의 사기를 북돋기 위해서는 정당한 보상이 있어야 합니다. 만약 공이 없는 자에게 상을 주고, 공을 세웠는데도 상을 주지 않는다면 사람들은 권면하지 않게 됩니다. 상을 주는 기준이 미덥지 못하면 사람들의 마음은 리더로부터 멀어집니다.

여섯째, 장수는 죄가 없는 자에게 벌을 주어서는 안 됩니다. 상을 잘못 내리면 사람들이 떠나지만 벌을 잘못 내리면 원망을 사게 됩니다. 죄가 있는데도 벌을 주지 않거나 죄가 없는데도 벌을 주는 것은 원칙이 제대로 지켜지지 않음을 의미합니다. 《소서》에서는 "공이 없는데 상을 주고 잘못이 없는데 벌을 주면 끔찍한 일이 일어나게 된다"라고 했습니다. 원망을 품은 사람이 반란을 일으켜 장수의 지위를 위태롭게 할 수 있기 때문입니다.

일곱째, 장수는 기쁨과 노여움을 부당하게 표현해서는 안 됩니다. 그러면 자멸하고 맙니다. 멸(滅)은 모조리 불타버리고 남은 흔적까지 물이 쓸어버려 아무것도 남지 않은 상태를 말합니다. 불씨가 남아 있으면 다시 불타오를 가능성이 있습니다. 하지만 불씨 자체가 없다면 다시 불을 피울 수 있는 일말의 가능성조차 사라집니다. 리더가 감정을 다스리지 못하고 기뻐할 때와 노여워할 때조차 구분하지 못한다면 그를 따르는 사람들은 모두 떠나고 말 것입니다. 그런 상태가 지속되면 자기 자신조차 감당하기 어려워지겠죠. 이런 사람에게 남는 것은 자멸뿐입니다.

교만한 마음, 신중하지 못한 경솔한 언행, 신뢰를 깎아먹는 말, 자신을 떠받들어주길 바라는 마음은 리더가 자기 자신을 절제하지 못했을 때 생기는 폐단입니다. 장수의 권위가 상벌의 원칙 위에 있다고 여기거나 희로애락의 감정을 표현하는 데 일정한 기준이 없다면, 다른 사람들을 이끌 수 있는 자질이 부족하다고밖에 볼 수 없습니다. 지위가 높아지면 교만해지기 쉽고 자신의 권위를 인정받기 위해 도에 지나친 행동을 할 수도 있습니다. 자기 자신을 다스리지 못하는 사람이 다른 사람들을 잘 이끌 수 있을까요? 장수가 자기 수양에 힘쓰지 않고 권위를 내세워 특권을 누리고자 한다면 그런 리더가 이끄는 조직의 미래는 어두울 수밖에 없습니다. 문제는 리더 스스로가 단속하지 않으면 그것을 제재해줄 사람이 없다는 데 있습니다. 스스로 힘써야 한다(自勉)고 말하는 이유가 여기에 있습니다.

때와 장소에 따른 응용 전술: 전도(戰道)

〈전도〉는 하늘과 땅, 사람의 형세를 논한 〈병세〉와 지형을 이용한 전술을 다룬 〈지세〉의 심화편에 해당합니다. 〈지세〉에서 육지 전투에서 접할 수 있는 다섯 가지 지형, 즉 일반적인 지형에서의 용병술을 논했다면, 〈전도〉에서는 지형과 지리가 중심이 되는 산악전과 수상전, 천시를 고려한 야간전에서 취해야 할 용병술을 다룹니다. 〈전도〉는 〈지세〉와 〈병세〉를 유기적으로 결합하고 다양한 전투 유형으로 세분한 뒤 구체적인 상황에 적용할 수 있도록 그 범위를 확장시키고 있습니다. 각각의 특수한 조건과 상황 속에서 장수가 어떻게 지휘하며 군대를 움직여야 하는지, 병사들은 어떤 병기를 사용해야 하는지 등 구체적인 전투 방법을 상세히 제시했습니다.

나무숲에서의 전투 방법은 이러하다. 낮에는 깃발을 광범하게 펼치고 밤에는 징과 북을 자주 울려 신호한다. 짧은 병기를 사용하고 매복의 묘를 살린 전술을 쓴다. 앞에서 공격하기도 하고 후미를 치기도 한다. 덤불숲에서의 전투 방법은 이러하다. 양날 검과 방패를 사용해야 유리하다. 승리를 거두려면 먼저 적의 행로를 예측해야 한다. 십 리마다 한 차례 전투를 치르고, 오 리마다 작은 기습전을 벌이는데, 깃발은 거두어들이고 징과 북은 엄격하게 통제해 적이 미처 대처하지 못하도록 만든다.

골짜기에서의 전투 방법은 이러하다. 매복의 묘를 살리고 맹공을 펼치는 것이 유리하다. 발 빠른 병사에게는 높은 지대를 점령하게 하고 죽음을 각오한 병사에게는 그 뒤를 맡아 진압하게 한다. 대오를 갖춘 쇠뇌부대를 앞세워 공세를 펼치고 짧은 병기를 든 병사들이 그 뒤를 잇게 한다. 적군을 더 이상 전진하지 못하게 하고 아군은 뒤로 밀리지 않도록 한다.

물에서의 전투 방법은 이러하다. 배를 잘 다루는 것이 유리하다. 배를 다루는 데 숙련된 병사들을 승선시키고 깃발을 많이 꽂아 적군을 현혹한다. 궁수들은 엄격한 지휘 아래 일제히 적을 쏘아 맞히고 짧은 병기로 무장한 병사들은 배에 오르는 적의 공격을 방어한다. 물 위에 견고한 울타리를 세워 배를 방어하고 물의 흐름을 타 적을 공격한다.

야간의 전투 방법은 이러하다. 은밀하게 작전을 펼치는 것이 유리하다. 군대를 비밀리에 이동시켜 적이 예기치 못한 순간에 기습하거나 여기저기서 횃불을 피우고 북을 쳐 적군의 이목을 교란한다. 기밀을 유지한 채 빠르게 공격하면 승리를 거둘 수 있다.

나무숲은 사람 키를 훌쩍 넘어서는 교목이 빽빽하게 자란 곳을 말합니다. 이런 곳에서는 큰 나무에 시야가 가려 한눈에 깃발을 식별하기 어렵습니다. 그래서 깃발의 폭을 넓고 길게 해서 장병들이 쉽게 알아보도록 해야 합니다. 해가 지면 깃발을 통해 명령을 전달하는 데 한계가 있습니다. 따라서 북과 징으로 신호를 대신하되 크고 명확하게 울려서 장수의 뜻이 정확히 하달될 수 있도록 해야 합니다. 깃발, 북과 징은 그 자체로 훌륭한 공격 무기가 되기도 합니다. 〈부진〉에서도 설명한 바 있는 것처럼 군진과 함께 광범위하게 펼쳐진 아군 진영의 깃발은 바라보이는 것만으로도 상대 진영을 압도하기에 충분합니다. 또 시야가 확보되지 않는 컴컴한 밤에 공격을 알리는 아군의 북소리는 들리는 것만으로도 적군에게 위협을 줄 수 있습니다. 나무가 무성하고 빽빽하게 자란 곳에서는 무기를 휘두를 수 있는 공간이 충분하지 않습니다. 그래서 장병기보다는 단병기를 이용하는 것이 유리합니다. 또한 이런 장소에는 은신할 곳이 많으므로 매복의 묘를 살린 공격이나 수비 방법을 써야 합니다. 숲길은 뚜렷하게 길이 나 있지 않기 때문에 사방이 길이 될 수 있습니다. 따라서 정면공격뿐 아니라 후미에서 적을 공격하는 방법도 고려해야 합니다.

덤불숲은 보통 사람의 키보다 낮은 관목이 무성히 자란 곳을 말합니다. 나무숲에 비해 시야를 확보하기 쉽지만 은신할 곳이 마땅치 않습니다. 이런 지대에서 전투를 치르고자 한다면 적의 행로를 예측하고 길목을 파악하고 있어야겠죠. 전투를 벌일 곳을 정했다면 정찰병을 배치해 적군이 십 리 안으로 들어왔을 때 본격적으로 공격을 개시하고, 오 리 안으로 들어왔을 때는 미리 매복해둔 기습부대를 투입해 적군의 숨통을 조여야 합니다. 깃발을 내리고 징과 북소리가 울리지 않도록 철저히 단속한 뒤 적을 기다렸다가 적정거리 안에 들어왔을 때 불시에 급습하면 승세를 잡을 수 있습니다.

　협곡 지대는 매복전과 기습전을 쓰기에 적합합니다. 이런 지형에서는 먼저 고지를 점령하는 쪽이 유리합니다. 발이 빠른 병사들에게 고지대를 점령하게 하고 결사대를 골짜기 어귀에 매복해두었다가 적군이 협곡 깊숙이 들어오면 동시에 공격을 시작해야합니다. 죽음을 각오한 결사대를 적의 후방에 배치하는 것은 적의 퇴각로를 차단하기 위해서죠. 달려드는 적의 위세를 꺾는 데는 쇠뇌만 한 것이 없습니다. 쇠뇌부대로 먼저 공세를 펼쳐 적의 선두가 무너지면 단병기를 든 보병부대를 투입해 숨 쉴 틈 없이 공격을 퍼붓습니다. 이렇게 하면 적군은 고지를 탈취할 수도 없고 퇴각하지도 못하는 진퇴양난에 처합니다.

　수전에서는 배를 잘 다루는 쪽이 유리합니다. 흔들리는 배에익숙하지 않은 병사들은 제 역량대로 싸울 수 없습니다. 같은 배에 오를 수 있는 병사의 수가 제한되므로 배를 다루는 데 능숙한병사들을 선별해 승선시켜야 합니다. 오나라에서 해적과도 같은수적(水賊)을 병사로 받아들인 이유는 무엇일까요. 그들이 물 위에서 생활하고 싸우는 데 능했기 때문입니다. 배에 깃발을 많이 꽂아 세우는 것은 적을 교란하기 위해서죠. 깃발을 이용한 기만책을쓰면 장수가 어느 배에 타고 있는지, 병력이 얼마나 출정했는지등등 아군의 정보가 노출되는 것을 막을 수 있을 뿐 아니라 적에게 혼란을 줄 수 있습니다. 적군의 배가 사정거리 안에 들어오기전까지는 활이나 쇠뇌의 사격을 자제합니다. 불필요하게 무기를 낭비하는 일을 삼가는 한편, 엄격한 지휘 아래 일사불란하게 집중적으로 발사해야 적에게 치명적인 상해를 가할 수 있습니다.

두 진영 간 배의 거리가 좁혀져 배 위에서 백병전이 벌어지면 단병기로 적을 방어합니다. 아군의 배로 건너오려는 적을 제압해 물에 빠뜨리려면 근접전이 불가피합니다. 그러려면 가까운 거리에서 사용하는 단병기를 사용하는 편이 용이합니다. 배는 아군 병사들의 생명을 보호할 수 있어야 하며 동시에 적의 공격도 방어할 수 있어야 합니다. 배에 견고한 울타리를 쳐 전함을 보호해야 한다고 한 것은 이 때문입니다. 물의 흐름을 타서 공격하는 것은 지형의 특징을 파악해 이용하는 육지에서의 전투 원칙과 상통합니다. 물살의 세기와 물길의 흐름을 파악하는 것은 수중전의 기본이자 출발점입니다.

야간에는 아군의 의도를 숨긴 채 극비리에 작전을 펼쳐야 합니다. 군영에서는 밤에도 쉬지 않고 보초를 섭니다. 하지만 전군이 깨어 있는 상태는 아닙니다. 이럴 때 적진으로 은밀히 군대를 보내 불시에 급습하면 승리를 거머쥘 수 있습니다. 야간에는 군영마다 불을 피웁니다. 기습을 하는 쪽은 어둠 속에 있기 때문에 밝은 쪽에 있는 상대방이 잘 보이지만 상대방은 어둠 속에 있는 아군을 알아차리기가 쉽지 않습니다. 이것이 선제공격이 유리한 이유입니다. 군사가 많은 것처럼 어지럽게 횃불을 피우고 요란하게 북을 쳐 적군을 혼란스럽게 만드는 것도 효과적인 방법 중 하나입니다. 야전에서 승리할 수 있는 핵심 전술은 속공입니다. 즉 적이 공격에 대비할 틈을 아예 내주지 않아야 합니다.

화합을 도모하다: 화인(和人)

〈화인〉은 〈여사〉와 마찬가지로 '용병의 길(用兵之道)'로 시작하는 글입니다. 여기서 '길(道)'이라는 글자는 '한 줄로 통하는 큰 길' '사람을 목적지에 인도하는 것' '도덕적인 근거' 등을 가리킵니다. 이 길은 둘이 아닙니다. 모로 가도 목적지에 이르기만 하면 되는 방식이 아니라, 인정받을 수 있는 도덕적 근거를 가진 오직 하나의 수단입니다. 길이 목적지까지 이어져 있더라도 안으로 들어갈 수 없다면 결국 그 장소에는 닿을 수 없습니다. 반드시 문을 통과해야만 합니다. 이 글에서 원문의 첫 구절인 '용병의 길'을 '용병의 관건'으로 해석한 것은 그 때문입니다.

용병의 관건은 군대의 화합에 있다. 사람들이 서로 화합하면 굳이 권면하지 않아도 스스로 전장에 나선다. 만일 장수와 관리가 서로 의심하고 병사들이 명령에 불복하며, 충심 어린 계책이 쓰이지 않고 부하들이 윗사람을 비방하며 서로 간에 중상모략이 난무하면 설령 은탕왕이나 주무왕의 지혜가 있다 해도 필부 한 명조차 이길 수 없다. 하물며 수많은 적을 당해낼 수 있겠는가.

용병에서의 일반적인 이치를 담은 〈여사〉에서는 장수가 작위와 재물, 예절과 신의, 은혜와 군법, 솔선수범, 적절하고 세심한 포상이라는 방법을 사용해 병사들을 독려하는 방법을 논했습니다. 장수는 이러한 방법에 기초해 병사들이 스스로 분발하고 서로 권면하도록 독려할 수 있습니다. 이러한 군대의 병사라면, 자기 자신과 군대를 위해 용감하게 싸울 수 있을 것입니다. 이것은 장수가 자신의 인적 자원을 최대한 활용해 승리를 거두는 방법입니다. 그러나 〈화인〉에서는 병사들의 화합이 그보다 더욱 중요하다고 단언합니다. 아예 처음부터 "용병의 관건은 군대의 화합에 있다"라고 못박습니다. 병사들이 화합하면 굳이 권면하지 않아도 스스로 전장에 나간다고 했으니 병사들의 화합이 권면보다 우선되어야 함을 짐작할 수 있습니다.

　하늘이 주는 적절한 때(天時)는 지리적인 이로움(地利)만 못하고, 지리적인 이로움은 사람들의 화합(人和)만 못합니다. 굳이 맹자를 인용하지 않더라도, 이는 널리 통용되는 병가의 상식이자 인사의 철칙입니다. 〈지용〉에서 설명한 장수의 지혜 가운데 무엇보다 중요한 것은 사람들의 마음을 읽고 그에 따르는 것이었습니다. 사람들이 장수의 뜻을 거스르거나 장수가 사람들의 의지를 거스르면 아예 일을 도모할 수조차 없습니다. 일을 도모할 수 없으니 적과 맞서 승패를 가름하기도 전에 장수는 이미 완전히 진 것이나 다름없죠.

　완전한 인화를 도모할 수 있는 사람 한 명을 얻는 것은 세상 모든 사람의 협조를 얻는 일에 필적할 정도로 중요합니다. 유비는 이러한 인재를 구하기 위해 기꺼이 자신을 낮추고 세 번이나 제갈량의 초가집을 찾아갔죠. 당시 유비는 조조에게 쫓겨 유표에게 의탁하면서 8년이나 되는 긴 세월 동안 더부살이를 하고 있었습니다. 물론 그에게는 관우와 장비라는 의형제가 있었습니다. 그들은 한날한시에 태어나지는 못했기에 한날한시에 죽기로 맹세했으며, 한 식탁에서 밥을 먹고 한 침상에서 잠을 잘 정도로 거리낄 것이 없는 사이가 되었습니다.

《삼국지연의》에 따르면, 장비는 유비를 위해 나라에서 보낸 감독관 독우를 때려죽일 뻔했고, 관우는 그를 위해 조조의 은혜를 뿌리치며 혈혈단신으로 다섯 개의 관문을 돌파하기도 했습니다. 넉넉한 재산도 없고 의지할 땅도 없고 대단한 군사적 역량조차 없었던 유비가 남에게 8년을 의지하면서도 버틸 수 있었던 이유는 무엇일까요. 이처럼 '한마음 한뜻'으로 그를 보좌했던 의형제들이 있었기 때문입니다. 관우와 장비가 변함없는 마음으로 유비를 의지하고 따랐기에 미축과 조운도 일말의 흔들림 없이 유비와 기나긴 환란을 함께했을 것입니다.

천하의 조조가 별다른 배경도 성과도 없는 유비를 자신의 유일한 라이벌로 인정했던 이유는 무엇일까요. 유비가 사람들 사이의 인화를 이룩할 수 있었기 때문입니다. 그러나 제갈량을 만나기 전까지 유비의 인화력은 아직 그 진가가 충분히 드러나지 못하고 있었습니다. 유비의 진정에 감복한 제갈량은 융중에서 천하를 셋으로 나눈다는 천하삼분지계를 올리며 그의 책사가 될 것을 맹세합니다. "천시(天時)를 차지한 조조에게는 북쪽을, 지리(地利)를 차지한 손권에게는 남쪽을 양보하시고, 군주께서는 반드시 인화(人和)를 이루십시오. 형주와 익주를 장악해 천하 3분의 1을 차지하신다면 이를 기반으로 천하통일을 도모할 수 있을 것입니다." 제갈량은 유비가 지닌 최고의 장점이 바로 '인화'라는 점을 명확히 인식하고 있었습니다.

그러나 당시 유비의 인화는 관우, 장비, 미축, 조운처럼 그와 개인적인 친분을 가진 사람들에게 국한되어 있었습니다. 그런데도 제갈량은 유비의 인화력이 좀 더 큰 범주의 사람들에게도 적용될 수 있음을 꿰뚫어 보았던 것입니다. 이후 신야에서 조조에게 쫓겨 달아날 때, 유비의 인화력은 최고 수준으로 승화합니다. 《삼국지연의》의 절정을 이루는 적벽대전의 장대한 서사시는 유비가 신야의 백성을 위해 군사적 이익을 포기하는 데서 시작하고, 그에게 감명받은 많은 인재들이 자신의 이익이나 생명을 아낌없이 내버리며 적벽 앞 바다를 붉게 물들이는 화공을 감행하는 것으로 갈무리됩니다.

제갈량을 만난 뒤, 유비의 인화력은 그 자신이 사귀어왔던 소수의 지인들에게 국한되지 않고, 형주와 익주라는 완전히 다른 기반을 가진 수많은 인재들을 아우르는 데까지 나아갑니다. 그는 유표가 지배하던 형주의 인재들을 얻었을 뿐 아니라, 유장이 다스리던 익주의 인재들까지 아우를 수 있었습니다. '내 사람'을 절대로 잃지 않는 것이 제갈량을 만나기 전 유비의 인화력이었다면, 제갈량을 만난 뒤 유비가 발휘한 인화력은 가히 '남의 사람'까지 '내 사람'으로 만드는 가공할 만한 경지에 도달합니다.

원문의 첫머리에서는 인화야말로 병사들 스스로 전투에 나서게 하는 관건이자 원동력이라는 점을 강조합니다. 곧이어 이 글은 장수가 사람들 사이의 화합을 이루지 못했을 때 나타날 수 있는 모든 폐단을 상세히 늘어놓는 방식으로 인화의 중요함을 역설합니다. "장수와 관리가 서로 의심하고 병사들이 명령에 불복한다. 충심 어린 계책이 쓰이지 않는다. 부하들이 윗사람을 비방하며 중상모략이 어지럽게 떠돌아다닌다. 어떠한 계책도 있는 그대로 순수하게 받아들여지지 않는다. 따라서 명령도 제대로 이행되지 않는다."

명령에 복종하지 않는 부하가 있다면 없느니만 못합니다. 모든 부하가 없느니만 못하다면, 그 장수에게는 결국 군대가 없는 셈이 됩니다. 이쯤 되면 은나라 탕왕이나 주나라 무왕의 지혜가 있더라도 한 명의 필부조차 대적하기 어려운 상태가 됩니다. 있어도 없느니만 못하고 오히려 해가 되니, 장수에게 이러한 군사가 백 명 있다면 백 명만큼 해롭고, 이러한 군사가 만 명 있다면 만 명만큼 해롭습니다. 처음부터 만 명의 해로움을 안고 시작하는 전투에서 그 장수가 어떻게 한 명의 필부를 당해낼 수 있을까요! 전투의 기본도 갖추지 않은 필부조차 이길 수 없는데, 잘 훈련된 적군을 이기기란 참으로 불가능한 일이 아닐 수 없습니다.

인화는 용병의 관건입니다. 인화란 사람들이 화합하는 것, 곧 군대의 화합을 의미합니다. 반면에 이 글의 제목인 화인은 사람들을 화합시키는 것, 곧 군사들을 화합시킨다는 뜻입니다. 장수는 군대 안의 모두가 화합하도록 만들어야 합니다. 군대의 화합을 이루지 못한 장수라면 아예 전장에 나설 생각을 하지 말아야 합니다. 그러므로 장수는 용병의 관건인 인화를 이루기 위해 원문과 정반대로 행해야 합니다.

장수와 관리는 서로 신의로 대하며, 병사들은 반드시 명령에 복종하며, 충심 어린 계책이 쓰일 수 있어야 합니다. 윗사람은 부하들을 아끼고 부하들은 윗사람을 존경하며 서로 권면할 수 있어야 합니다. 이것이 군대의 화합을 이루는 방법입니다.

정찰의 기본은 무엇인가: 찰정(察情)

모든 일의 계획은 정보 수집에서부터 시작된다고 해도 과언이 아닙니다. 예로부터 뛰어난 장수는 교전하기에 앞서 정찰병을 비롯한 여러 경로를 통해 적의 정보를 입수하고 세밀히 분석한 뒤 전략과 전술을 세웠습니다. 정보의 범위와 정확성은 전투의 승패를 결정짓는 중요한 요소입니다.

《장원》에서는 이를 반복적으로 언급함으로써 경각심을 일깨우고 있습니다. 〈근후〉에서는 군대의 기율을 바로 세우는 열다섯 가지 지침을 제시하면서 상대를 정확히 파악하는 일이 급선무가 되어야 함을 지적합니다. 〈경전〉에서는 공격과 수비, 정보 수집, 지휘라는 네 층위가 마치 톱니바퀴처럼 완벽히 맞물려 움직여야 전투에서의 부담을 줄일 수 있다고 설득합니다. 척후병이 제대로 정찰하지 못하면 눈이 없는 것과 같다고 한 것은 군대에서 정찰 임무가 차지하고 있는 비중이 어느 정도인지를 직접적으로 말해줍니다. 〈찰정〉은 〈근후〉와 〈경전〉을 잇는 후속 장이자 세부적이고 실질적으로 적의 동향 파악 방법을 알려주는 길잡이입니다. 구체적으로는 총 열일곱 가지의 방법이 들어 있습니다.

군사를 일으키고도 움직이지 않는 것은 험준한 지세를 믿기 때문이다. 압박하면서 도전해오는 것은 상대가 전진하기를 바라기 때문이다. 숲이 요동치는 것은 전차가 돌진해 오기 때문이고 흙먼지가 낮게 깔려 넓게 퍼지는 것은 보병의 무리가 다가오기 때문이다. 강경한 언사를 쓰며 말을 달려 진격할 태세를 갖추는 것은 퇴각할 속셈이기 때문이고 진격할 듯하나 진격하지 않고 퇴각할 듯하나 퇴각하지 않는 것은 상대를 유인할 속셈이기 때문이다.

적이 지팡이를 짚으며 행군하는 것은 굶주렸기 때문이고 유리한 상황인데도 진격하지 않는 것은 지쳐 있기 때문이다. 새들이 모여드는 것은 군대가 떠나 비어 있기 때문이고 밤에 소리를 지르는 것은 공포에 떨며 두려워하기 때문이다. 군대 안에 소요가 일어나는 것은 장수의 권위가 존중되지 않기 때문이고 깃발이 제 위치를 벗어나는 것은 기율이 흐트러졌기 때문이다.

관리가 성을 내는 것은 지칠 대로 지쳤기 때문이고 상을 남발하는 것은 옹색해졌기 때문이며 빈번히 벌을 내리는 것은 막다른 지경에 놓였기 때문이다. 사신을 보내 사죄를 청하는 것은 쉬기를 바라기 때문이고 재물을 가득 싣고 와 달콤한 말을 하는 것은 다른 속셈이 있어 꾀어내고자 하기 때문이다.

첫째, 전쟁을 벌이기 위해 이미 출병한 상황에서 적군이 진격해 오지 않고 잠잠하다면 그들이 험준한 지세를 믿기 때문입니다. 그런데 험(險)은 '험준하다'라는 뜻과 '음험하다'라는 뜻을 함께 갖고 있습니다. 그래서 적이 험준한 지형에 진을 치고 있다고 해석할 수도 있으며, 다른 한편으로는 음험한 계략을 꾸미고 있다고 생각해볼 수도 있습니다. 험준한 지형에는 군사적 요충지라는 의미도 포함됩니다. 적군이 이런 위치에 주둔하고 있다면 공략하기가 쉽지 않으므로 정면공격을 하기보다는 지리적 특성을 극복할 만한 계책을 세워야 합니다. 만약 상대가 음험한 계략을 세운 것이라면 그 계획을 파악할 수 있을 때까지 함부로 군사를 움직이지 말고 대응 전략을 모색해야 합니다. 험준한 지형에 진을 치고 있는 것이든 음험한 계략을 숨기고 있는 것이든, 상대편이 움직이지 않을 때는 반드시 믿는 바가 있다는 뜻입니다. 그러므로 섣불리 움직여서는 안 됩니다.

둘째, 적군이 아군을 압박하며 싸움을 걸어오는 것은 아군이 전진하기를 바라기 때문입니다. 적군이 곧바로 돌격해 오지 않고 아군을 압박하되, 적당히 거리를 좁혀가면서 상대가 공격할 수 있는 틈을 내주는 상황을 가리킵니다. 상대의 진격을 이끌어내고자 할 때, 그리고 상대 진영의 동태나 규모, 전술 등을 파악하고자 할 때 사용하는 방법입니다. 적의 도발에 일단 추격하는 것으로 대응하다 보면 자칫 함정에 걸려들 수도 있습니다. 잘못하면 아군 진영의 허와 실이 드러날 위험도 있기 때문에 신중하게 대처해야 합니다.

셋째, 많은 나무가 움직이는 것은 전차가 돌진해 오고 있다는 징후입니다. 전차는 말이 끄는 전투용 마차나 수레를 지칭합니다. 전차는 기동력과 공격력을 두루 갖춘 위력적인 무기이지만 평지가 아니면 이동이 불편하다는 단점이 있습니다. 실제로 진시황릉 병마용갱에서 출토된 전차를 살펴보면 말 네 마리가 전차 한 대를 끄는 모양으로 구성되어 있습니다. 여러 마리 말이 끄는 전차가 이동하기 위해서는 그만큼 넓은 길이어야 합니다. 나무가 무성히 자란 지대에서는 이동 경로를 확보하기 위해 나무를 베어내는 일이 불가피합니다. 따라서 많은 나무가 움직이는 정황이 포착되면 전차가 이동 중이라고 유추할 수 있습니다.

넷째, 흙먼지가 낮게 깔리면서 넓게 퍼진다면 보병 무리가 다가온다는 징후입니다. 행군할 때 아무리 조심스럽게 걷는다 해도 흙먼지가 이는 것까지 통제하기는 어렵습니다. 대규모 군사가 이동할 때는 더더욱 그렇죠. 북과 징, 깃발을 효율적으로 이용하면 병력 규모나 이동 경로를 숨길 수 있습니다. 하지만 흙먼지가 발생하지 않도록 단속하기는 쉽지 않습니다. 따라서 흙먼지가 생기는 모습을 자세히 관찰하면 적군이 어느 정도의 병력으로 어떻게 진격해 오고 있는지 짐작할 수 있습니다.

다섯째, 적군이 강경한 언사를 쓰며 진격할 태세를 갖추는 것은 퇴각할 속셈이기 때문입니다. 적군은 물론 아군에게도 공격 시기와 공격 방법을 철저히 비밀에 부쳐야 한다는 것은 전투의 기본이자 핵심입니다. 그런데도 곧 출격할 것처럼 떠들썩하고 노골적으로 드러내는 것은 무슨 까닭일까요. 상대를 교란해 퇴각할 시간을 마련하고자 하는 얄팍한 속셈입니다. 실제로 공격할 의사가 있다면 강경한 언사를 쓰며 진격할 것처럼 행동하지 않습니다. 방심한 상대의 의표를 찌르는 것이 가장 효율적이고 성공적인 공격 전술이기 때문이죠. 따라서 상대의 표면적 행동이나 언사에 현혹되어서는 안 됩니다. 이면에 숨어 있는 진짜 의도를 파악하는 것이 중요합니다.

여섯째, 진격할 듯하면서 진격하지 않고 퇴각할 듯하면서 퇴각하지 않는 것은 상대를 유인할 속셈이기 때문입니다. "반은 진격하고 반은 퇴각한다(半進半退)"라는 것은 진격과 퇴각을 번갈아 한다는 뜻으로도, 군사의 일부는 진격하고 일부는 후퇴한다는 뜻으로도 해석할 수 있습니다. 어느 쪽이든 상대를 유인하고자 하는 의도임에는 확실합니다. 상대의 이런 행동을 퇴각으로 판단하고 추격했다가는 적이 미리 준비해둔 복병의 공격을 받거나 함정에 걸려들어 낭패를 당하기 쉽습니다.

일곱째, 지팡이를 짚으며 행군하는 것은 굶주렸다는 증거입니다. 적병이 소지하고 있던 무기를 지팡이 삼아 힘겹게 행군하는 모습은 군량이 떨어졌다는 반증인 셈입니다. 배고픔과 목마름을 견딜 수 있는 사람은 없습니다. 가장 기본적인 욕구가 충족되지 않은 상태이므로 전투 의지가 불타오를 리 없고 전투태세도 당연히 미흡할 수밖에 없습니다. 이런 경우 적의 보급식량이 도착하기 전에 선제공격을 하거나 적의 보급로를 차단한다면 비교적 손쉽게 승리를 거둘 수 있습니다.

여덟째, 유리한 상황인데도 진격하지 않는 것은 지쳐 있다는 증거입니다. 눈앞에 절호의 기회가 주어졌는데도 공격하지 않는다면 몸이나 마음이 지쳐 있다는 것을 의미합니다. 굶주림과 갈증으로 기운이 빠져 있거나, 오랜 행군으로 피곤이 누적되어 있거나, 전쟁의 고단함에 마음이 지쳐 있거나, 기강이 해이해져 전투 의지를 상실하는 등 전쟁이 군사들에게 가져다주는 피로감은 매우 다양한 양상으로 나타날 수 있습니다. 몸이 지친 적군은 선제공격으로 제압할 수 있고 마음이 지친 적군은 회유책을 이용해 포섭할 수 있습니다.

아홉째, 새 떼가 모여드는 것은 군대가 떠나 진영이 비어 있기 때문입니다. 적진에 사람이 있는지 없는지 알아보기 위한 방법 중 하나가 새의 움직임을 주시하는 것입니다. 새가 날아드는 모습이 관찰되면 적군이 이미 철수해 군영이 텅 빈 것이라고 판단할 수 있습니다. 반대로 가시적으로는 진영이 비어 있는 것 같지만 새 떼가 날아오른다면 복병이 있다는 징후로 읽어야 합니다. 이는 동물의 본능적 습성을 통해 적군의 동향을 살피는 방법입니다.

열째, 밤에 소리를 지르는 것은 공포에 떨며 두려워하기 때문입니다. 사람은 본능적으로 어둠을 두려워하죠. 사람의 오감 가운데 시각이 차지하는 비중은 87퍼센트라고 합니다. 그만큼 큰 비중을 차지하는 시각이 제 기능을 발휘할 수 없는 캄캄한 밤에는 당연히 두려움을 느낄 수밖에 없습니다. 전쟁이라는 특수 상황은 군사들에게 더욱 배가된 공포심을 안겨줍니다. 큰 소리를 지른다는 것은 불안하고 두려운 심리의 표출입니다. 적진에서 밤에 소리를 내지르는 자가 있다면 공포심을 억누르지 못하는 병사가 있다는 뜻이며, 적장이 병사들의 공포심을 다스리지 못할 정도로 군대의 기율이 무너졌다는 뜻입니다. 이때 기습을 가하면 적군은 풍비박산할 것입니다. 반대로 아군 진영에 그런 병사가 있다면 반드시 안정시켜 적군에게 노출되지 않도록 해야 합니다.

열한째, 군대 안에 소요가 일어나는 것은 장수의 권위가 떨어졌기 때문입니다. 앞서 〈승패〉에서도 전군이 자주 요동치는 것을 패배의 징후라고 언급한 바 있습니다. 언제 전투가 시작될지 모를 정도로 촌각을 다투는 상황에서는 신경이 날카로워지기 쉽습니다. 작은 일에도 과민하게 반응할 수 있습니다. 이럴 때일수록 장수는 군대의 통솔권자로서 무리를 안정시키고 군 전체를 하나로 단결시킬 수 있어야 합니다. 만약 장수가 이 역할을 제대로 해내지 못한다면 흐트러진 기강을 바로잡을 도리가 없습니다. 장수가 스스로 권위를 바로 세우지 못할 뿐 아니라 장수의 권위를 존중하지 않는 군대라면 패배하는 것은 시간문제입니다.

열두째, 깃발이 제 위치를 벗어나 있는 것은 기율이 흐트러졌기 때문입니다. 앞서 〈중형〉에서 장수가 위엄을 세우는 세 가지 방식을 논한 바 있습니다. 북과 금탁을 쳐 귀로 위엄을 세우고, 깃발을 올려 눈으로 위엄을 세우며, 명령과 형벌을 정해 마음으로 위엄을 세우는 것이 그것입니다. 군대에서 깃발은 방향과 신호를 알리는 중요한 기능을 담당합니다. 깃발이 정돈되어 있지 않고, 있어야 할 자리에서 벗어나 있는 것은 무엇 때문일까요. 장수의 명령이 명확하지 않아서이거나 군대의 기강이 흐트러져 병사들이 나태해졌기 때문입니다. 깃발이 제 위치에서 제 기능을 하지 못한다면 수많은 병사들은 우왕좌왕 갈피를 잡지 못하게 됩니다. 결국 군대는 혼란에 빠질 것입니다. 적군의 상황이 이러하다면 지체 없이 공격에 나서야 합니다.

열셋째, 관리가 성을 내는 것은 지칠 대로 지쳤기 때문입니다. 관리는 중간관리자에 해당됩니다. 그들은 장수가 내린 명령을 이행하는 한편으로 병사를 돌보고 관리합니다. 장수와 병사들 간의 교량 역할을 담당하므로 뛰어난 수행 능력 못지않게 유연한 처세와 진득한 인내심이 필요합니다. 장수가 크고 작은 사안을 일일이 지시할 수는 없습니다. 시행세칙에 관련된 부분은 군령에 어긋나지 않는 범위에서 관리가 재량껏 처리해야 합니다. 관리가 지칠 정도로 일을 하고 있다는 것은 적진에 쉽게 감당할 수 없는 상황이 전개되고 있다는 뜻으로도 읽을 수 있습니다. 상대 진영의 관리가 날이 선 듯 신경이 곤두서 있고 자주 화를 내는 정황이 포착된다면 이간책과 회유책을 써서 무너뜨릴 수 있습니다.

열넷째, 상을 남발하는 것은 옹색해졌기 때문입니다. 이것은 장수의 권위로는 더 이상 부하들을 움직일 수 없는 최악의 상황에 처했다는 뜻입니다. 《장원》에서는 포상이 부하들을 권면하게 하는 용병술의 핵심이라는 사실을 여러 차례 설명하고 있습니다. 그러나 포상은 반드시 장수의 권위와 짝을 이루어야만 빛을 발할 수 있습니다. 장수의 권위가 제대로 서 있고 병사들과 유대 관계가 돈독히 형성되어 있다면 굳이 상을 남발하지 않아도 병사들은 기꺼이 따르고자 할 것입니다. 상이 상으로서의 가치를 잃는다면 아무도 공을 세우려 하지 않을 것입니다.

열다섯째, 빈번히 벌을 내리는 것은 막다른 지경에 놓였기 때문입니다. 장수가 걸핏하면 벌을 내려 엄한 분위기를 조성하는 것은 무엇 때문일까요. 장수에게는 군대를 통솔할 별다른 대안이 없고, 군대에는 봉착한 난관을 극복할 다른 돌파구가 없어서입니다. 장수가 벌을 주는 방식으로만 자신의 권위를 세우려 한다면 결국 사람들이 모두 떠나가 외로운 신세가 되고 말 것입니다. 장수는 군대의 존립과 함께할 때 비로소 그 가치와 존재가 입증됩니다. 만약 장수가 궁색한 처지에 놓였다면 군대 역시 고립무원의 상황에 놓인 것이나 다름이 없습니다.

열여섯째, 사신을 보내 사죄를 청하는 것은 쉬기를 바라기 때문입니다. 전쟁이 오래도록 지속되면 아군도 적군도 지치기 마련입니다. 양측이 모두 지친 상황, 이때 어느 한쪽에서 사신을 보내 고개 숙여 사죄를 청하는 것은 잠깐의 휴전을 원하기 때문입니다. 승세의 우열이 거의 가름난 상황에서 휴전을 제안하면 받아들여지지 않을 가능성이 높습니다. 전세의 흐름을 고려해 전략적 휴식이 필요하다면 적이 보낸 사신의 제안을 받아들일 수도, 적에게 사신을 보낼 수도 있습니다.

열일곱째, 재물을 가득 싣고 와 달콤한 말을 하는 것은 다른 속셈이 있어 꾀어내고자 하기 때문입니다. 전쟁에는 상상을 초월하는 막대한 비용이 들어갑니다. 그런데도 재물을 가득 싣고 와서 감언이설을 늘어놓는 것은 반드시 원하는 바가 있기 때문입니다. 감언이설은 상대방을 현혹하기 위한 입에 발린 말이나 이익을 약속하는 말을 가리킵니다. 낮은 자세로 휴전을 청하는 것과는 다른 상황인 것입니다. 만약 맞서 싸우던 적군이 사신을 보내 이런 행동을 한다면 이는 상대를 혼란스럽게 하려는 의도에서죠. 따라서 그 이면에 숨겨진 의도를 정확히 파악하고 현명하게 대처하는 지혜를 발휘해야 합니다.

〈찰정〉은 적군의 행동 양상과 동태, 적진의 정황과 변동, 물리적인 자연 조건의 변화와 생물의 움직임 등을 통해 적의 동향을 파악하는 방법을 상세히 설명합니다. 열일곱 가지 다양한 층위를 제시하는 것은 물론 그러한 상황이 발생한 원인까지 함께 언급하고 있습니다. 여기서 명시한 군사정보 수집 원리는 매우 실제적이고 구체적인 조언입니다. 오늘날의 상황에 응용해 적용할 내용도 있을 정도죠.

적과 맞서기 전에는 적을 파악하는 것이 우선이고, 적을 파악하기 위해서는 다양한 경로를 통해 정확한 정보를 입수하는 것이 기본 자세입니다. 또한 확보한 정보는 다층적이고 면밀한 분석을 거쳐 유효한 대응 전략으로 연결할 수 있어야 합니다. 〈찰정〉은 이 고전적인 잠언을 매우 사실적이고도 설득력 있게 전달하고 있습니다.

장수로서 가져야 할 마음가짐: 장정(將情)

〈장정〉은 '장수가 되려는 사람의 도리'를 이야기하는 마지막 글입니다. 장수의 도리를 논하는 첫 번째 글인 〈장폐〉가 장수에게 주어진 절대적 권한과 무거운 책임을 자각하게 하는 데 중점을 두었다면, 마지막 글인 〈장정〉은 그러한 행동이 결국 장수의 마음가짐에 뿌리를 두고 있다는 사실을 강조합니다.

왜 장수의 마음가짐이 중요할까요? 장수는 한 나라의 군대 전체를 이끄는 슈퍼리더입니다. 이와 같은 위치에 있는 리더들은 그를 따르는 공개적 혹은 잠재적인 수많은 팔로어를 거느리고 있습니다. 팔로어는 자신이 존경하는 리더를 롤모델로 삼아 그를 모방하고 학습합니다. 다시 말해, 군대 안의 모든 병사가 원칙적으로 장수의 행동과 그 동기가 되는 마음가짐을 따르게 된다는 말입니다. "윗물이 맑아야 아랫물이 맑다"는 윗사람이 아랫사람의 본보기가 되어야 한다는 이 단순한 진리를 설파하는 아주 오래된 속담입니다.

> 장수 된 자는 반드시 다음과 같이 해야 한다. 군영에서 우물이 확보되지 않았을 때 장수는 목마르다는 말을 해서는 안 된다. 군영에 식사가 준비되지 않았을 때 장수는 배고프다는 말을 해서는 안 된다. 군영에 아직 불이 지펴지지 않았을 때 장수는 춥다는 말을 해서는 안 된다. 군막이 아직 세워지지 않았을 때 장수는 피곤하다는 말을 해서는 안 된다. 여름에도 부채질을 하지 않고 비가 내려도 우산을 쓰지 않으며 병사들과 더불어 모든 것을 동등하게 해야 한다.

'초나라 허리(楚腰)'라는 말이 있습니다. 초나라 영왕(靈王)은 유독 허리가 가는 사람을 좋아했다고 합니다. 초나라 궁전 안의 여인들은 모두 가는 허리를 만들기 위해 노력했습니다. 조정의 선비들도 마찬가지였습니다. 어떤 사람은 비단으로 허리를 꽁꽁 동여맨 채 풀지 않고 살았으며, 어떤 사람은 가는 허리를 만들기 위해 끼니를 걸러서 굶어 죽기까지 했습니다. 초나라 왕이 가는 허리를 좋아한 것은 전적으로 개인적인 취향의 문제였습니다. 그러나 왕의 기호는 결국 궁정 안팎의 모든 사람들이 추구하는 하나의 지향이자 행동 지침이 되었습니다.

딱히 존경할 만한 위인이 아닐지라도 윗사람의 말과 행동은 원래부터 주어진 위치에 따라 아래에 있는 사람들이 눈여겨보는 대상이 됩니다. 위에 있다는 것은 모두에게 이름이 알려진 존재가 된다는, 즉 유명(有名)하다는 뜻입니다. 유명한 사람의 행동은 그의 이름과 마찬가지로 모든 사람들에게 쉽게 알려집니다. 당연히 위가 아래를 따를 일보다 아래가 위를 따를 일이 더 많습니다. 위에 있는 유명한 사람들을 따르는 사람들은 대부분 이름이 없습니다. 즉 무명(無名)이란 말입니다. 무명은 아직 그가 입신양명을 성취하지 못했음을 뜻하기도 하죠. 그들은 대부분 유명해지기를 바라는 사람이거나 유명한 사람들을 따름으로써 그들의 휘하에서 보호받고자 하는 사람들입니다. 아래에 위치한 사람들은 언제나 위에 있는 사람들을 주목하고 그 변화를 관찰합니다.

〈장정〉이라는 제목은 장수의 마음가짐으로 해석되지만, 글에서 확인되듯 언급하는 내용은 대개 소소한 '행동'입니다.

첫째, 장수는 군영에 우물이 확보되어 모두가 당연하게 물을 마실 수 있게 될 때까지는 목이 마르다고 말해서는 안 됩니다. 둘째, 장수는 식사 준비가 끝나서 군대 안의 모두가 밥을 먹을 수 있게 될 때까지는 배가 고프다고 말해서는 안 됩니다. 셋째, 장수는 군영에 아직 불이 지펴지지 않아 온기가 돌지 않을 때는 춥다고 말해서는 안 됩니다. 넷째, 장수는 군영에 군막이 세워져 모든 병사들이 들어가 쉴 수 있게 될 때까지는 피곤하다고 말해서는 안 됩니다. 다섯째, 장수는 여름이라 날씨가 너무 더워서 참기 어려울 때에도 부채질을 해서는 안 됩니다. 여섯째, 장수는 비가 내려서 몸을 가릴 수 없는 지경이 되더라도 우산을 써서는 안 됩니다.

목이 마를 때 물을 마시고, 배가 고플 때 밥을 먹고, 불을 피워 추위를 쫓고, 자리에 누워 피곤함을 덜고, 더우면 부채질을 하고, 비가 오면 우산을 받치는 것은 인지상정입니다. 생리적이고 본능적인 욕구는 누구에게나 찾아오며, 이를 해결하고자 하는 것은 모두의 기본적 바람이죠. 그러나 군영은 전투와 관련된 임무가 끝날 때까지 제한된 자원으로 경영됩니다. 그 자원이 장수 한 사람의 생리적인 욕구를 해결해줄 수 있을지는 몰라도 모든 병사의 욕구를 해결하기는 힘들 수 있습니다. 또 장수의 위치에서는 가능할 일도 대부분의 병사들에게는 불가능할 수 있습니다. 예를 들어, 기온이 높아 유난히 무장이 버겁고 더워서 견딜 수 없거나 폭우가 쏟아져 행군이 어려운 상황에 놓이더라도 군대는 명령에 따라 진격하거나 퇴각해야만 합니다.

병사들은 주어진 명령을 수행하는 일을 최우선으로 삼아야 합니다. 자기 자신의 생리적이거나 본능적인 욕구를 해결하는 것을 우선으로 삼아서는 안 됩니다. 장수가 군대 전체의 상황을 고려하지 않고 자신의 여건만 앞세워 누리고 싶은 대로 누리려 한다면 어떻게 될까요? 기본적인 욕구를 억지로 참으며 명령 수행을 우선하고 있는 대부분의 병사들은 엄청난 박탈감을 느낄 겁니다.

'상대적 박탈감'은 새뮤얼 스투퍼와 리처드 머튼이 제안해서 발전한 준거집단 행동 이론의 기본 개념입니다. 이들의 이론에 따르면, 사람은 누구나 비교 가능한 다른 집단의 상황과 자신의 조건을 비교함으로써 박탈감이나 만족감을 느낍니다. 다시 말해, 박탈감이나 만족감은 절대적인 표준보다 상대적인 표준에 의해 더 많이, 더 자주 영향을 받습니다. 장수가 자신에게 허락되는 여건에도 불구하고 자신의 생리적이고 본능적인 욕구를 내세워서는 안 되는 이유가 바로 여기에 있습니다. 따라서 "병사들과 더불어 모든 것을 동등하게"라는 모토는 장수가 지녀야 할 마음가짐의 기초 가운데 기초라 할 것입니다.

위엄을 세우다: 위령(威令)

〈위령〉은 마지막으로 장수에 관해 다면적으로 분석한 논의를 마무리한다고 볼 수 있습니다. 〈위령〉에서는 군령의 위엄을 말합니다. 위령의 위(威)는 위엄과 권위, 세력과 두려움, 법칙과 형벌을 두루 아우르는 글자입니다. 군령의 위엄은 글자에서 표현하는 바대로 군법과 제도를 철저히 행하는 것을 바탕으로 이루어집니다. 병사들은 군령의 위력에 따라 명령을 따릅니다. 군령이 위엄을 지니면 부하들은 두려운 마음으로 장수의 명령을 지켜 행할 수 있습니다. 그리고 그 위엄은 장수 홀로 백만의 무리를 압도할 수 있게 합니다. 병사들은 장수의 카리스마에 사로잡혀 흔들림 없이 우뚝 서서 명령을 기다립니다. 이처럼 할 수 있는 것은 법령이 잘 행해졌기 때문입니다.

장수는 혼자서도 백만 무리가 어깨를 움츠리고 숨죽인 채 흔들림 없이 서서 고개 숙여 경청하며, 감히 올려다보지 못하게 만들 수 있다. 법령을 잘 행했기 때문이다. 장수가 형벌을 내릴 수 없고 부하가 예의를 지키지 않는다면 비록 천하를 가질 만큼 귀하고 사해(四海)를 가질 만큼 부유하다 해도 스스로 화를 면할 수 없다. 걸왕(桀王)과 주왕(紂王)이 그러했다. 필부라도 군법에 따라 상과 벌을 주관하면 사람들이 그 명령을 거역할 수 없다. 손무(孫武)와 사마양저(司馬穰苴)가 그러했다. 그러므로 군령을 소홀히 해서는 안 되고 군령의 위엄이 절대로 변해서는 안 된다.

비록 온 천하를 거느릴 만큼 귀하고 모든 것을 다 가질 만큼 부유하다 해도, 장수가 형벌을 내릴 수 없고 부하들이 예의를 지키지 않는다면 걸왕과 주왕처럼 스스로 화를 면할 수 없습니다.
《한비자》〈이병〉에 이르기를 "훌륭한 군주는 신하를 제어하기 위해 두 개의 자루에 의존할 뿐이다. 두 개의 자루는 형(刑)과 덕(德)이다. 벌을 내려 죽이는 것을 형이라 하고, 상을 내리는 것을 덕이라 한다. 신하는 벌을 두려워하고 상을 기뻐한다. 군주가 형과 덕이라는 두 개의 자루를 쥐고 있으면 모든 신하들은 군주의 위엄을 두려워해 이로운 쪽으로 모여든다"라고 했습니다.

여기서 말하는 자루란 권세를 제어할 수 있는 손잡이와 같습니다. 형과 덕이 반드시 군주로부터 나와야 한다는 것은 무슨 말일까요. 상벌의 주체가 반드시 군주에게 있어야 백성이 군주에게 복종한다는 뜻입니다. 만약 형덕의 권한이 군주가 아닌 신하에게 있다면 백성은 군주가 아닌 신하를 더 두려워할지도 모르죠. 즉 권력이 형과 덕을 장악할 수 있을 때 그 권력이 위세를 떨칠 수 있다는 뜻입니다.

장수가 전쟁터에 나올 때 군주는 사흘간 재계하고 장수에게 월을 건넵니다. 의식을 통해 군주는 일체의 군 통솔권을 장수에게 넘겨줍니다. 장수가 형벌을 주관함으로써 권위를 세울 수 있도록 하는 것이죠. 장수가 형벌을 내릴 수 없다는 것은 장수에게 형벌을 내릴 수 있는 권한이 없다는 뜻입니다. 또한 장수가 신상필벌의 원칙으로 병사들을 통제하는 데 실패했다는 뜻이기도 합니다.

부하들이 예의를 지키지 않는다는 것은 단순히 부하들의 행동이 철없거나 경거망동함을 의미하는 것이 아닙니다. 군대에서 부하들이 예의를 지키지 않는 것은 명령을 위반하는 것과 같습니다. 《편의십육책(便宜十六策)》〈참단(斬斷)〉에서는 명령을 위반하는 사항으로 장수의 말을 가벼이 여기고, 태만하며, 도둑질하고, 기만하며, 제멋대로 행동하고, 어지럽히며, 오도하는 일곱 가지를 제시했습니다. 그리고 이러한 자들을 반드시 참해야만 군대가 제대로 돌아갈 수 있다고 했습니다.

예와 의로 행하지 않는 모든 행위는 명령 위반으로도 간주할 수 있습니다. 예와 의로 행하지 않는데 장수의 권위가 세워질 리 없고 장수의 권위가 세워지지 않는데 명령이 이행될 리 없습니다. 명령을 위반하는 병사와 그런 병사를 벌하지 않는 장수를 둔 군대가 승리하기란 참으로 어렵습니다. 그러나 이와 정반대로 군법에 따라 엄격하게 상과 벌을 적용한다면 상벌을 주관하는 자가 한낱 평범한 필부라 할지라도 사람들이 그 명령을 거역할 수 없다고 했습니다. 만약 상과 벌을 주관한다면 그가 누구이든 뛰어난 병법가 손무나 사마양저와 같이 훌륭하게 군대를 다스릴 수 있고 병사들은 감히 그의 명령을 거스를 수 없을 것이라고 말합니다.

군령은 경(輕)히 해서는 안 됩니다. 군령의 위엄은 절대로 통(通)해서는 안 됩니다. 군령을 경히 여긴다는 것은 군령을 소홀히 하거나 가볍게 생각하고 업신여긴다는 뜻입니다. 또한 통한다는 것은 쉽게 빠져나가고 유연하며 가변적이라는 뜻입니다. 군령은 철통같이 지켜 절대 변함이 없도록 해야 합니다. 그러므로 군령은 가벼이 여겨서도 안 되고 가벼울 수도 없으며, 군령의 위엄은 변해서도 안 되고 변하게 두어서도 안 됩니다. 이는 반드시 죄를 지으면 벌을 주고 공을 세우면 상을 주는 신상필벌의 원칙이 지켜질 때, 부하들이 예를 다해 장수를 대할 때, 비로소 실현될 수 있습니다. 이것이 장수가 군령의 위엄을 세워야 하는 이유입니다.

거스르지 않는다

초판 1쇄 발행 2019년 1월 9일

지은이 문이원
펴낸이 정홍재
디자인 책과이음 디자인랩

펴낸곳 문헌재
출판등록 2018년 1월 11일 제395-2018-000010호
주소 (10881) 경기도 고양시 덕양구 용현로 10, 501-203
대표전화 0505-099-0411 **팩스** 0505-099-0826
이메일 bookconnector@naver.com

ⓒ 문이원, 2019

ISBN 979-11-965618-4-0 94100

**문헌재(文憲齋)는 정연한 배움을 추구하는
책과이음의 동양철학·학술 전문 출판 브랜드입니다.**

이 도서의 국립중앙도서관 출판예정도서목록(CIP)은 서지정보유
통지원시스템 홈페이지(http://seoji.nl.go.kr)와 국가자료공동
목록시스템(http://www.nl.go.kr/kolisnet)에서 이용하실 수
있습니다.(CIP제어번호: CIP2018042039)